Dr. Wolfgang Rost / Angelika Schulz

Die Angst als Kraft nutzen

Befürchtungen, Unsicherheiten, Minderwertigkeitsgefühle,
Phobien und Panikattacken verstehen und bewältigen

Südwest

Inhalt

Rückbesinnung auf sich selbst ist notwendig, um sich über seine Gefühlszustände klarzuwerden.

Räumliche Enge kann die bekannte Klaustrophobie auslösen.

Die Prüfungsangst ist nicht immer beklemmend: Der Adrenalinstoß kann die Konzentration steigern.

Ein einfühlsames, ruhiges Gespräch mit einer vertrauten Person hilft, mit Ängsten positiv umzugehen.

Angst kann etwas Irrationales sein: Sie macht dann handlungsunfähig und kann in die Isolation führen.

Vorwort

Angst – jeder hat sie schon erlebt. Angst gehört eigentlich zu unserem Alltag. Ab und zu Angst zu haben ist völlig normal und noch kein Grund zur Sorge. Doch was tun, wenn sich die Angst öfter einstellt oder sogar regelmäßig anklopft?

Eine Wohlstandskrankheit?

Jeder vierte Patient klagt beim Arzt über Angstsymptome, meldet der Berufsverband Deutscher Psychologen. 10 bis 15 Prozent aller Deutschen leiden im Lauf ihres Lebens sogar an einer richtiggehenden Angststörung.

Die Zunahme der Angststörungen und das Auftauchen neuer Ängste (z. B. die Angst vor Umweltgiften oder Umweltkatastrophen) sind auch das Resultat unserer Gesellschaft. Das Leben ist komplizierter, hektischer geworden. Noch nie waren die Kommunikationsmöglichkeiten so groß wie heute – Fernsehen, Telefon, Fax, Computer-Online-Systeme –, doch Tatsache ist: Wir erleben eine Zunahme von Vereinsamung in der industriellen Massengesellschaft.

Das andere Phänomen ist, daß wir immer besser funktionieren müssen, um etwa im Berufsleben mithalten zu können. Das Eingeständnis von Schwäche, Kummer, Sorgen u. ä. ist nicht gefragt. Wir müssen immer den lächelnden »Winner« spielen, der alles mit links erledigt und sich Streß und Belastung nicht anmerken läßt. Dadurch wird vieles unterdrückt und verdrängt. Doch unser Unterbewußtsein speichert alles – und eines Tages drängen die unterdrückten Gefühle und verdrängten Befürchtungen wieder ans Tageslicht.

Angst ist eigentlich zunächst ein ganz natürlicher Schutzme-

> Von Kindheit an lebt ein Mensch mit der Angst. In bestimmten Situationen, die uns entweder nicht ganz geheuer sind oder die uns wirklich gefährlich werden können, wirkt sie wie ein psychisches Warnsystem.

chanismus, ein Warnsystem, das unsere Urahnen entwickelt haben. Ohne Angst wären die Menschen vermutlich längst ausgestorben. Denn Angst läßt uns wachsam sein und Gefahren meiden. Das ist zunächst einmal positiv.

Problematisch wird es, wenn die Angst das normale Alltagsleben beeinträchtigt – so weit, daß man nicht mehr einer geregelten Arbeit nachgehen kann, gesundheitliche Probleme bekommt oder die Wohnung nicht mehr verlassen will.

Was sich gegen Ängste tun läßt

Angst kann geheilt werden – und zwar sehr gut. Gegen einfache Ängste und Befürchtungen kann man selbst etwas tun. Bei schweren Fällen – komplexen Ängsten, Panikattacken, starken Phobien etc. – haben sich sogenannte Angstambulanzen mittlerweile bewährt.

Wir wollen in diesem Buch auf die verschiedenen Arten der Angst eingehen und Ihnen Möglichkeiten an die Hand geben, wie Sie damit umgehen können.

Dr. Wolfgang Rost/Angelika Schulz

Bereits unsere prähistorischen Vorfahren besaßen das natürliche Warn- und Spürsystem der Angst. Wer Angst verspürt, bangt um sein Leben. Er fühlt sich bedroht. Das Gefühl der Angst teilt ihm mit, daß er sich zur Wehr setzen oder sich zurückziehen soll.

Inmitten von Menschen und doch allein: Ängste können uns in die Einsamkeit treiben, aber es gibt Wege, sich daraus zu befreien.

Angst ist für viele Menschen etwas schwer Faßbares und Irrationales. Sie macht unfähig zu reagieren und kann in die Isolation treiben.

Angst – Ursachen und Symptome

Angst – was ist das eigentlich?

Es gibt eine Fülle von Vorschlägen zur Erklärung und Beschreibung dessen, was Angst ist. Nur zu berechtigt ist die Frage: »Wer soll sich in diesem Definitionsdschungel noch zurechtfinden?« Treffen wir daher eine erste einfache Unterscheidung, nämlich die zwischen Furcht und Angst.

● Furcht ist meist ziemlich konkret. Sie hat ein bestimmtes Objekt oder eine bestimmte Situation zur Grundlage.
Beispiel: Ein Schüler fürchtet sich, im Schwimmbad vom Dreimeterbrett zu springen.
● Angst ist unspezifischer. Sie ist eher ein unangenehmes Gefühl, das uns befällt.
Beispiel: Jemand hat Angst vor der Zukunft; die Person hat das unbestimmte Gefühl, in absehbarer Zeit passiere ein Unglück, sie werde oder sei schon krank o.ä.

Angst und Furcht unterscheiden sich meist durch einen konkreten Anlaß. Während die Angst das Gefühl einer vagen Bedrohung beinhaltet, bezieht sich die Furcht auf ein genau definiertes Ereignis. Man nennt sie daher auch objektbezogen.

Das letzte Beispiel zeigt uns, daß Angst weit über einen konkreten Anlaß hinausgeht – was keineswegs heißt, daß sie unberechtigt sein muß. Um bei den Beispielen zu bleiben: Der Schüler hat nur Angst, wenn er vom Dreimeterbrett springen soll, also in einer ganz bestimmten Situation. Wenn er nur zu seinem Vergnügen im Schwimmbad ist (und nicht aus einer bestimmten Höhe ins Wasser springen muß), fürchtet er sich nicht.

Schlechte Nachrichten rufen Angst hervor

Anders die Person, die Angst vor der Zukunft hat. Diese Angst kann sie öfter befallen. Das Angstgefühl kann beispielsweise durch eine spektakuläre Nachrichtenmeldung, z. B. über den Abbau der Ozonschicht, ausgelöst werden. Mit anderen Worten: Sicherlich sind manche Zukunftsängste durchaus berechtigt. Doch ein Syndrom wie Angst vor der Zukunft kann auch dazu führen, daß relativ »harmlose« Situationen nur noch unter dem Aspekt der Angst gesehen werden, daß die Angst in gewisser Weise »irrational« wird.

Der Zustand Angst

Wir wollen zunächst von Definitionen wieder abrücken und fürs erste einfach davon ausgehen, daß Angst der Zustand ist, den jeder einzelne für sich Angst nennt.

- Ein Zustand, in dem es zu einem unangenehmen Erregungsanstieg kommt (mit Schwitzen, Herzklopfen, Zittern und anderen Veränderungen des Körpers).
- Ein Zustand, der entsteht, wenn wir eine Gefahr wahrnehmen, die wir durch Flucht zwar manchmal, aber längst nicht immer beseitigen (vor dem Hund davonlaufen, den Telefonhörer auf die Gabel knallen, um mit dem Partner nicht weiter streiten zu müssen).
- Ein Zustand, dem wir durch Vermeidungsverhalten hin und wieder aus dem Weg gehen können (um dem unangenehmen Gefühl im Fahrstuhl zu entgehen, benutzen wir gleich die Treppe; um nicht angebellt zu werden, gehen wir nicht am Tor mit dem kläffenden Hund vorbei).
- Ein Zustand, in den wir auch geraten, wenn wir an die Möglichkeit einer Bedrohung denken (eine schwere Krankheit, Trennung vom Partner, Arbeitslosigkeit).

Die körperlichen Symptome bei Angstzuständen sind von Typ zu Typ verschieden. Sie reichen von Zitteranfällen und Schweißausbrüchen bis hin zu Herzrasen, was bei Menschen mit einer schwachen Konstitution bisweilen lebensgefährliche Folgen nach sich ziehen kann.

Wozu die Angst dient

Wozu gibt es eigentlich die Angst? Brauchen wir so etwas? Oder ist die Angst vielleicht nur ein Störenfried unseres Seelenlebens? Wie andere Gefühle oder Emotionen auch – Freude, Trauer, Scham, Stolz, Eifersucht, Lust (nicht nur die sexuelle) – ist Angst eine vitale Regung. Alle vitalen Regungen haben einen Sinn im Leben und einen Sinn für das Überleben, auch wenn das nicht immer so offensichtlich ist wie beim Hungergefühl, das uns anzeigt, daß Nahrung aufgenommen werden muß, oder beim Durst, der uns darauf aufmerksam macht, daß der Körper Flüssigkeit braucht.

Das Warnsignal

Angst hat nicht nur eine Warnfunktion vor Gefahren. Sie stellt im Leben eines Menschen auch einen wichtigen Lernfaktor dar und zeigt, wie man bestimmten überflüssigen Gefahrensituationen aus dem Weg gehen oder bei häufigerem Auftreten besser mit ihnen umgehen kann.

Wozu ist aber nun Angst gut? Angst bewahrt uns vor Gefahren, indem sie uns auf solche aufmerksam macht. So kann sie einerseits bei uns ein Bewältigungsverhalten in Gang setzen, wie z. B. die Flucht vor einem gefährlichen Tier. Andererseits kann sie uns zum Erlernen neuen Bewältigungsverhaltens motivieren. So bereiten wir uns z. B. auf wichtige Gespräche gezielt vor oder bewahren unsere Wertgegenstände an einem sicheren Platz auf.

Den Körper mobilisieren

Unsere Angst zeigt anderen, daß wir Angst haben und eventuell Hilfe brauchen. Dazu gehört auch, daß im Körper Energie bereitgestellt wird; zu diesem Zweck verändert sich die Konzentration verschiedener Hormone, die als Botenstoffe in unserem Organismus tätig sind (dazu zählt beispielsweise der berühmte Adrenalinstoß). Wir merken das daran, daß sich in unserem Körper einiges tut: Es ändern sich nicht nur Körpertemperatur und Muskelspannung (beide steigen an), sondern auch Blutdruck und Blutzuckerspiegel nehmen zu, Blutverteilung (vom Gehirn in die Muskeln) sowie Herz- und Atemfrequenz werden höher. Daher rühren die Begleiterscheinungen von Angst wie Anspannung, Zittern, Schwitzen, Hitze und Kältewallungen, Herzrasen, vermehrter Harndrang, Übelkeit, Benommenheit.

Jeder reagiert verschieden

Diese weitreichenden Veränderungen im Organismus stellen die Energie bereit, die wir brauchen, um Gefahren zu bewältigen. Mit anderen Worten: Angst macht den ganzen Körper mobil – und zwar unabhängig davon, ob die Gefahr real ist oder nicht. Allerdings müssen nicht bei jedem Menschen die gleichen körperlichen Reaktionen vorkommen.

Tritt ein Angstmoment ein, so ändern sich schlagartig das Benehmen und Verhalten eines Menschen. Körperliche Streßsymptome machen sich im Bewußtsein breit und versuchen von hier aus, die Kontrolle über alle weiteren körperlich-seelischen Vorgänge zu übernehmen.

Was bei der Angst körperlich passiert

• Noch ehe uns eine Bedrohung zu Bewußtsein kommt, reagiert schon unser Gehirn. Unsere Pupillen weiten sich reflexartig. Die Nachricht »Gefahr«, die von den Sehnerven übermittelt wird, regt Teile des Gehirns (Thalamus, Großhirnrinde, Hypophyse) zu Botschaften an andere Körperteile an.

• Bestimmte Botenstoffe (z. B. Noradrenalin) steigern die Leistung von Muskeln, Kreislauf und Atmung.

• Das Herz pumpt verstärkt Blut in die Muskeln. Deswegen wird beispielsweise die Haut geringer durchblutet.

• Die Nebenniere schüttet verstärkt Streßhormone (Adrenalin, Noradrenalin, Kortisol) aus.

• Die Leber setzt Zuckerreserven frei; die Bauchspeicheldrüse vermindert die Insulinproduktion. Dadurch erhöht sich der Blutzuckerspiegel.

9

Angstmimik, ein sprachloses Zeichen

Das Gesicht eines Menschen zeigt am deutlichsten die Angst, die ein Mensch verspürt. Oft kommt es dabei zu einem krampfartigen, manchmal sogar schmerzhaften Verspannen der Kaumuskeln, wodurch die restliche Gesichtsmuskulatur in Mitleidenschaft gezogen wird.

Geweitete Pupillen, aufgestellte Haare, schreckensbleiches Gesicht, Gänsehaut – die Reaktionen unseres Körpers bei Angst haben noch einen weiteren wichtigen Zweck. Sie zeigen unseren Mitmenschen, daß wir Angst haben – und das nicht nur durch unseren ängstlichen Gesichtsausdruck, für den die angespannten Gesichtsmuskeln verantwortlich sind. Obwohl es uns oft peinlich ist, wir uns schämen oder uns entlarvt fühlen, wenn andere merken, daß wir Angst haben, sollten wir diese kommunikative Funktion von Angst nicht nur negativ sehen. Nur so bekommen wir vielleicht Unterstützung bei der Bewältigung von Gefahren, wenn wir nicht sprachlich darum bitten können. Denken wir beispielsweise an Säuglinge, die der Sprache noch nicht mächtig sind, an Menschen aus fremden Ländern, deren Sprache wir nicht verstehen (oder an uns selbst in fremden Ländern), an Situationen, in denen die Geräuschkulisse die Stimme übertönt, oder an Krankheiten, die die Stimme verstummen lassen.

Seine Angst kann ein Mensch vor niemandem verstecken. Kaum ein anderer Gefühlszustand drückt sich so überdeutlich und intensiv im Gesicht und am ganzen Körper aus.

Woher kommen Ängste?

In manchen Situationen haben wir Angst, in anderen denken wir noch nicht einmal im Traum daran, ängstlich zu sein. Ist uns das in die Wiege gelegt, oder haben wir das irgendwann einmal gelernt?
Beides trifft zu: Angst ist zum Teil angeboren und zum Teil erworben oder gelernt. Angeboren ist beispielsweise die Stärke einer Neigung, Angst zu erleben.

Die Angst unserer Urahnen: Spinnen, Schlangen usw.

Für eine angeborene Angstreaktion auf bestimmte Reize spricht auch, daß es Ängste gibt, die häufiger vorkommen als andere; so ist es zu erklären, daß Angst vor Schlangen, Spinnen, Mäusen, Dunkelheit, Einsamkeit, geschlossenen Räumen, Abgründen, Krankheit, Gewitter etc. weit häufiger vorkommt als z. B. Ängste vor Tapeten, Bäumen oder Steckdosen. Es handelt sich dabei möglicherweise um Ängste, die sich im Laufe der stammesgeschichtlichen Entwicklung für das Überleben als wichtig erwiesen haben.

Angst ist lernbar

Ängste können wir auch auf vielerlei Art erlernen. Da ist zunächst das Lernen an Modellen oder Vorbildern. Wir bekommen mit, daß andere Angst vor etwas haben oder durch irgend etwas geschädigt wurden. Daraus lernen wir, daß wir uns davor hüten sollten. Besonders gute Lernmodelle stellen Personen dar, die uns nahestehen (Eltern, Großeltern, Geschwister, Freunde), sowie Menschen, die uns ähnlich sind (gleiches Alter, Hobby, gleicher Beruf). So lernen wir, Angst zu haben vor Situationen, die wir selbst noch nicht erlebt haben, und entsprechend vorsichtig zu sein.

Wir bringen auch noch einige andere Ängste mit auf die Welt: Solche Ängste erkennen wir daran, daß Kinder, die eine bestimmte Situation noch nie erlebt haben, mit Angst auf diese reagieren; ein Beispiel dafür ist das sogenannte Fremdeln von Säuglingen, das ungefähr im Alter von acht Monaten auftritt.

Doch wir lernen auch durch eigene Erfahrung. Haben wir etwas getan, was negative Folgen zeitigte, sind wir beim nächsten Mal vorsichtiger oder lassen es bleiben. Sind wir beim Schlittschuhlaufen ins Eis eingebrochen, testen wir künftig zunächst die Eisdicke oder hören auf warnende Stimmen anderer. Sind wir krank geworden, weil wir bei Eiseskälte mit nassen Haaren herumgelaufen sind, werden wir sie in Zukunft trocknen, bevor wir uns hinauswagen etc.

Angst übertragen

Wer häufig negativen Erlebnissen ausgesetzt ist oder selten Erfolge durch eigene Leistungen aufzuweisen hat, neigt dazu, seine Angst weiterzuentwickeln. Dabei kann man dazu neigen, seine Angst auch auf völlig neue Situationen zu übertragen, die mit dem bisher Erlebten überhaupt nichts zu tun haben.

Doch wir machen noch viel mehr negative Erfahrungen im Lauf unseres Lebens. Eine weitere Möglichkeit, Angst zu bekommen, besteht darin, daß wir Dinge vergleichen und Ähnlichkeiten wahrnehmen: Da ist z. B. irgend etwas oder irgend jemand, vor dem wir Angst haben – Lebewesen, Dinge oder Situationen sind bestimmten anderen Dingen oder Situationen ähnlich, die Angstreize bei uns auslösen. Aufgrund dieser Ähnlichkeit kann es sein, daß wir die Angst von der einen Situation auf die andere ähnliche übertragen.

Beispielsweise waren uns Orte, an denen sich viele Menschen aufhalten, schon immer etwas unheimlich. Erst war es vielleicht nur die Menschenansammlung einer Prozession, das Gedränge auf einer Messe oder die Masse in einem Fußballstadion, später ist es dann auch das Kaufhaus, dann das Kino, die Kirche, das Theater, der Marktplatz etc.
Oder wir haben aus Vorsicht kontrolliert, ob bestimmte elektrische Geräte wirklich ausgeschaltet waren: zunächst, ob der Stecker des Bügeleisens herausgezogen war, dann, ob die Stecker von Kaffeemaschine, Eierkocher, Rasierapparat etc. nicht in der Steckdose verblieben waren. Schließlich können wir gar nicht mehr aus dem Haus gehen, ohne auch die Stehlampe, den Staubsauger etc. zu kontrollieren.

Phobien

● Als Phobien bezeichnet man die irrational erscheinende Angst vor ganz bestimmten Lebewesen, Situationen, Orten, Naturereignissen oder Objekten.

● Es gibt kaum etwas, was nicht Objekt einer Phobie werden kann: Katzen, Gewitter, Krankheitserreger, Flugzeuge usw.

● Klinisch relevant sind etwa 200 Phobien, dazu gehören z. B. Tierphobien, als Technikphobie die Flugangst, die Schul- und Berufsphobie oder als bekannteste und verbreitetste Phobie die Agoraphobie – die Angst vor öffentlichen Plätzen. Diese Platzangst befällt zu 90 Prozent Frauen und wird daher auch als Hausfrauenkrankheit bezeichnet.

Der Begriff »Phobie« stammt aus dem Griechischen (phobos) und steht für eine abnorme und neurotische Erwartungsangst. Ihr liegt häufig eine innere Angst vor verdrängten Wünschen zugrunde, die mit dem Inhalt der Phobie oft in symbolischer Form verbunden sind. Die Spinnenphobie steht hier beispielsweise für Angst vor Weiblichkeit oder Mütterlichkeit.

Angst entsteht durch Verdrängung

Ängste entstehen auch dann, wenn wir uns mit dem, was im Alltag wichtig ist, nicht beschäftigen wollen und statt dessen versuchen, es wegzuschieben oder in uns hineinzufressen. Das kann vielerlei sein: Gefühle, die wir nicht ausleben, ungelöste Konflikte, anstehende Aufgaben, unerledigte Verpflichtungen, Tabuthemen. Überall dort, wo das Wegschieben oder Hineinfressen der Angelegenheit keine Lösung bringt, können Ängste entstehen. Und da sich kaum etwas durch Verschieben und Verdrängen auflösen läßt, ist dies eine der wesentlichsten Angstquellen.

Angst entsteht aus Mangel an Information

Wenn wir über etwas nicht genug Bescheid wissen, fühlen wir uns hilflos und können das Ganze nicht einschätzen. Dann überschätzen wir oft die Gefahr. Beispielsweise wird eine Krankheit bei uns festgestellt, wir verstehen den lateinischen Namen nicht, wissen nicht, was wir haben, woher das kommt, was daraus werden kann. Oder wir wollen zum erstenmal fliegen, wissen aber nicht genau, was wir am Flughafen tun müssen, wie es uns im Flugzeug gehen wird.

Auch kann es sein, daß wir Angst haben, weil unsere Informationen über etwas falsch sind (wir glauben, wenn das Herz schnell oder unregelmäßig schlägt, sei dies immer ein Zeichen für eine Herzkrankheit). Hier lernen wir, Angst zu haben, weil wir wegen fehlender oder falscher Informationen negative Erfahrungen erwarten.

Nutzen und Schaden von Ängsten

Angst ist zunächst einmal ein wichtiges und auch ein ganz normales Gefühl. Erst wenn dieses Gefühl losgelöst aus dem Zusammenhang mit etwas Bedrohlichem auftritt oder wenn es die Kontrolle über den Menschen gewonnen hat, sollte man etwas dagegen tun oder sich in therapeutische Behandlung begeben.

Einleuchtend ist, daß Angst zunächst einmal nützlich für uns ist, weil sie uns auf Gefahren aufmerksam macht, uns zum Handeln veranlaßt und uns so hilft, keinen Schaden zu nehmen. Diese Angst behalten wir, weil sie positive Auswirkungen auf uns hat. Angst kann auch noch andere positive Aspekte für uns haben – wobei es hier jedoch nicht darauf ankommt, ob die Angst lebensnotwendig ist.

z. B. ist es gut möglich, daß sich andere (Eltern, Ehepartner, Freunde, Arbeitskollegen) mehr um uns kümmern und mehr für uns tun, wenn wir Angst haben (wir werden geschont, sie übernehmen Besorgungen für den Haushalt, wir werden öfter in den Arm genommen etc.). Es ist angenehm, mehr Zuwendung und Unterstützung zu erhalten, besonders dann, wenn das andernfalls nicht so wäre! Das läßt uns bestimmte Ängste beibehalten, obwohl wir sie gar nicht haben müßten. Auch das Vermeiden von Dingen, die uns nicht geheuer sind, führt dazu, daß wir unsere Angst behalten. Das liegt daran, daß wir in dem Moment, in dem wir dem Angstmacher aus dem Weg gehen, merkcn, wie es uns besser geht – Unwohlsein, Unsicherheit und Angst verschwinden. Wir sind erleichtert, wenn wir nicht auf den Turm steigen müssen, wenn das Gespräch mit dem Chef doch nicht stattfindet, wenn wir nicht aus dem Haus gehen müssen, bevor wir den Herd noch einmal kontrolliert haben.

Wieviel Angst gehört dazu?

Wer hat sich noch nicht die Frage gestellt: »Ist meine Angst noch normal, habe ich nicht zuviel oder zu oft Angst?« Angst gehört einerseits zum Leben – nicht nur bei Menschen, sondern auch bei Tieren ist sie zum Überleben notwendig. Andererseits spüren wir aber, daß Angst unseren Alltag, unsere Zufriedenheit, Freude, Leistungsfähigkeit stark beeinträchtigen kann. Dieses Spannungsfeld zwischen Nutzen und Kosten der Angst wird im folgenden durchleuchtet. Dies muß ein Versuch bleiben, weil es keine allgemeingültige Unterteilung von normaler und behandlungsbedürftiger Angst gibt. Es lassen sich jedoch Kriterien finden, die helfen, eine solche Abgrenzung vorzunehmen.

Leichte Formen der Angst kann man ohne weiteres zu Hause selbst in den Griff bekommen. Dabei sollte man zunächst die Angstsymptome (Zittern, Schwitzen etc.) ausklingen lassen und anschließend in aller Ruhe die Ursache für den Angstausbruch zu klären und zu verstehen suchen.

Die anfängliche Angst war unbegründet! Der Vortrag hat gefallen, und der Beifall stärkt das Selbstbewußtsein. Das wichtigste aber ist: Sie hat es geschafft, sie hat sich der Aufgabe gestellt.

Sich wiederholende Ängste, bei denen einem die Motive unklar sind, sollten mit einem Therapeuten besprochen werden. Die Psychotherapie kann wirksam dabei helfen, die Wurzeln und die Erlebnisse, die der Angst zugrunde liegen, freizuschaufeln. Und das Leben eines Angstpatienten kann dadurch wieder heller und schöner gestaltet werden.

Gefahren und Bedrohungen

Eine Gefahr oder Bedrohung kann ausgehen:

• **Von tatsächlich vorhandenen Objekten oder eingetretenen Ereignissen (einem Einbrecher, einer umgefallenen brennenden Kerze, einer spiegelglatten Fahrbahn, einer schweren Krankheit, einem defekten Auto, mit dem man einen Unfall bauen kann, einem Geisterfahrer auf der Autobahn)**

• **Von eigenen Empfindungen (Atemnot, Schmerzen aller Art, Schwindel)**

• **Von gedanklichen Vorstellungen und Erwartungen (auf der morgigen Party nicht amüsant zu sein, wegen der nicht fertiggestellten Arbeit am Montag vom Chef angebrüllt zu werden, die bevorstehende Fahrprüfung nicht zu bestehen, vor der Reise zu vergessen, den Herd abzuschalten)**

Angststörungen

Eine Einstufung des Angsterlebens kann als auffällige bis als massive Angststörung angesehen werden, wenn:

• Dem Erleben von Angst keine tatsächlich nachvollziehbare Bedrohung zugrunde liegt
• Die Bedrohlichkeit einer konkret vorhandenen oder erwarteten Gefahr (völlig) überschätzt wird
• Angst erlebt wird, obwohl überhaupt keinerlei Gefahr oder Bedrohung vorliegt

Diese Kriterien sind sehr allgemein und lassen somit viel Spielraum für eigenes Urteilen und Empfinden. Nicht immer ist es so einfach wie bei folgendem Beispiel:
Hat jemand, der unheilbar an Krebs erkrankt ist, Angst zu sterben, liegt eine reale Bedrohung vor – die Angst ist

gerechtfertigt. Besteht hingegen die Angst zu sterben bei jemandem, der an einer Grippe erkrankt, ansonsten aber körperlich völlig gesund ist, wird die Bedrohlichkeit einer vorhandenen Gefahr überschätzt, da die Wahrscheinlichkeit, an einer Grippe zu sterben, hierzulande kaum besteht.

Ein gesundes Mittelmaß

Gut für den Menschen ist Angst, die ein Mittelmaß bewahrt – das gilt für alle Bedrohungen, ob sie nun tatsächlich eingetreten sind, erwartet werden oder nur in unserem Kopf existieren. Bei einer Gefahr, keine Angst zu spüren, ist für uns ebenso ungünstig, wie zuviel davon zu erleben. Erleben wir keine Angst, können wir Schaden nehmen, weil wir eine Bedrohung nicht erkennen und nicht wissen, daß wir etwas tun müssen. Ist unsere Angst dagegen zu stark, blockiert sie uns, wir können nicht aktiv werden, um der Gefahr zu entgehen. Für eine persönliche Einschätzung, ob Ihre Angst normal, auffällig oder krankhaft ist, sollten Sie sich fragen, wie stark Sie unter Ihrer Angst leiden.

● Sind durch die Angst Ihre Zufriedenheit und Ihre Lust am Leben beeinträchtigt?
● Können Sie aufgrund Ihrer Angst beruflichen oder privaten Verpflichtungen nicht mehr nachkommen?
● Müssen Sie deswegen Nachteile in Kauf nehmen?
● Müssen Sie deshalb oft auf Angenehmes verzichten?

Werden diese Fragen mit Ja beantwortet, liegt keine normale Angst mehr vor; es besteht das, was in der Psychologie als Leidensdruck bezeichnet wird. In den folgenden Kapiteln werden wir darauf eingehen, was Sie persönlich gegen Ängste eines bestimmten Grades tun können bzw. wann Sie sich in die Behandlung eines Therapeuten begeben sollten.

Der Schritt, sich zu einer Angst zu bekennen, ist nicht ganz einfach, da viele Menschen mit ihr übertriebene Schwachheit assoziieren. Wer an einer Angst leidet, sollte jedoch immer und unbedingt ehrlich sich selbst und auch anderen gegenüber sein. Das Verschweigen der Angst schadet in erster Linie ihm selbst und kann krank machend wirken.

Abwehrmechanismen gegen die Angst

Im Laufe seiner Entwicklung hat sich der Mensch jede Menge Strategien, Taktiken und Tricks zurechtgelegt, um dauernde Angstzustände zu vermeiden. Wäre dem nicht so, würde man an der übergroßen Streßbelastung, der Körper und Seele durch die Angst ausgesetzt sind, zugrunde gehen.

Wir können nicht dauernd Angst haben. Unser Körper und unsere Psyche sind einer solchen permanenten Belastung langfristig nicht gewachsen. Wir haben daher alle einige Abwehrmechanismen entwickelt. Es handelt sich dabei vor allem um folgende Prozesse oder Vorgänge.

- **Verleugnen:** Das, was bedrohlich ist, uns ängstigt, verneinen wir, wollen wir nicht wahrhaben – »Ich bin nicht ernsthaft krank«, »Mir passiert schon nichts«
- **Bagatellisieren:** Wir wollen die Gefahr kleiner machen, als sie in Wirklichkeit ist oder tatsächlich von uns empfunden wird – »Es wird schon nicht so schlimm sein«, »Es gibt Schlimmeres«
- **Verdrängen:** Über das, was uns angst macht, wollen wir nicht nachdenken. Wer kennt nicht die von den lieben Mitmenschen erteilten, gutgemeinten Ratschläge, die bei starker Angst aber wenig hilfreich sind: »Denk nicht mehr dran!«, »Hör auf, darüber nachzugrübeln!«
- **Vermeiden:** Dem, was uns gefährlich erscheint oder was Angst bei uns auslöst, wollen wir aus dem Weg gehen. Im Extremfall benützen wir Fahrstuhl, Stadtbus, Flugzeug, Auto u. a. einfach nicht mehr.
- **Verantwortung** und **Selbständigkeit** aufgeben: Um mit der Gefahr nicht konfrontiert zu werden, gehen wir in unserer Persönlichkeitsentwicklung ein paar Schritte zurück, lassen andere für uns das tun, wovor wir Angst haben – »Schließ du die Tür ab«, »Sprich du mit meinem Chef.« Wir machen uns wieder zum Kind und nehmen vielleicht kindliche Verhaltensweisen an – wie kindliches Sprechen, Bitten und Betteln, übertriebene körperliche Anhänglichkeit.

Angst kann körperliche Reaktionen nach sich ziehen. Diese Form basiert zumeist auf einer Fluchtreaktion der Psyche. Wenn die Ursache der Angst aus dem Kopf verdrängt wird, tritt sie irgendwann eben woanders auf, z. B. als körperlicher Schmerz im Kopf, als Magenverstimmung oder Verdauungsproblem.

Angst durch körperliche Symptome ausdrücken

Das, was gefährlich erscheint und Angst auslöst, unterdrücken manche Menschen sehr stark – doch es kommt in körperlichen Symptomen zum Vorschein. Wenn man die Angst – aber auch den Ärger, die Trauer, die Freude usw. – nicht äußert und durchlebt, können sich statt dessen physische Reaktionen wie Zittern, Erröten, Herzrasen, Kopf- und Magenschmerzen, Kloß im Hals oder weiche Knie zeigen.

Zwanghaftes Verhalten bei Angst

Ein zwanghaftes Verhalten kann ursprünglich ein durchaus sinnvolles Bewältigungsverhalten gewesen sein – doch irgendwann kommt es zur Übertreibung: Um nicht zu spät zu kommen, sind wir eine halbe Stunde vor einem Termin zur Stelle; damit der Herd abgeschaltet ist, sehen wir dreimal, viermal und noch öfter nach.

Gerade das Nervensystem ist bei Angst auf das äußerste erregt. Der Sympathikusnerv im vegetativen Nervensystem beschleunigt die Herz- und Kreislauffunktionen, sorgt für Muskelanspannung, die Ausschüttung des Streßhormons Adrenalin und regt die Erweiterung der Pupillen und Bronchien an.

Gegenteilige Reaktionen

Nehmen wir Gefühle, Eigenschaften oder Impulse an uns wahr, die uns angst machen, verkehren wir unsere Reaktion ins Gegenteil, um die Stärke des Ungewollten zu mindern: Statt uns über den anderen so richtig zu ärgern, bekommen wir Schuldgefühle. Statt einer übergroßen Eßlust nachzugeben, verzichten wir auf die Mahlzeit und haben keinen Hunger. Statt starke sexuelle Lust auszuleben, haben wir überhaupt kein Begehren mehr und verspüren auch keine Erregung.

Ein beliebter Abwehrmechanismus: Die Ablenkung

Bei einer tatsächlichen oder vermeintlichen Gefahr, die Angst hervorruft, wollen wir die erlebte Spannung vermindern. Hierzu stehen uns jede Menge wohlbekannter Abwehrmechanismen zur Verfügung: Essen, Trinken, Rauchen, Fernsehen, Sport oder z. B. übergroßer Arbeitseifer.

Keine Lösung: Die Angst wegschieben

Wenn ich meine Angst wegschiebe, spüre ich sie nicht mehr! Wenn ich sie zulasse, steigere ich mich in sie hinein! Kommen Ihnen diese Gedanken bekannt vor? Diese oder ähnliche Aussagen sind Ihnen vielleicht vertraut, entbehren aber jeglicher Grundlage.

Auch verdrängte Angst bleibt Angst; ebenso bleibt eine weggeschobene Bedrohung eine Bedrohung. Tritt nämlich die angstauslösende Situation – wie z. B. Krankheit, Konflikt, ein Gewitter, ein vermeintliches oder tatsächliches Versagen – zu einem späteren Zeitpunkt wieder ein, sind auch die damit verbundenen Ängste schlagartig wieder da. Verdrängung der Angst ist also keine tatsächliche Lösung. Deswegen müssen andere Strategien gefunden werden, die dies leisten können.

Gemeinsam ist all diesen Mechanismen, daß wir mit ihrer Hilfe eine Gefahr und die dazugehörige Angst abwehren wollen. Damit ist noch nichts darüber gesagt, ob das auch wirklich gelingt. Denn einfach abschieben läßt sich die Angst nun einmal nicht.

Das Phänomen Angst vor der Angst

Beim Verdrängen der Angst passiert aber noch mehr: Werden die Angst verursachenden Gefühle beiseite geschoben, entsteht zusätzlich eine Angst vor diesen Gefühlen. Auf diese Weise kommt nämlich zu der Angst vor einem Ereignis, einem Objekt, einer Empfindung oder einer Vorstellung noch die Angst vor der Angst hinzu.

Hinzu kommt auch, daß sich Ängste ausweiten; sie können sich auf Objekte, Ereignisse, Empfindungen oder Vorstellungen, die dem ursprünglichen Angstinhalt oder Angstreiz ähnlich sind, beziehen. Angst kann man auf ähnliche Situationen übertragen (siehe den Abschnitt »Angst übertragen«, Seite 12). Aber: Verdrängtes ist nicht weg, sondern bleibt in unserem Unterbewußtsein gespeichert. Und es äußert sich in problematischem Verhalten oder in Beeinträchtigungen des Befindens.

Problematische Verhaltensweisen

Oftmals resultieren aus der exzessiven Anwendung von Abwehrmechanismen oder einer unvollständigen Abwehr von Angst verschiedene Verhaltensweisen, die dann auch die Angst vor der Angst fördern:

- Unkontrolliertes Essen (Nervennahrung, Frustessen)
- Hoher Alkoholkonsum (der kurzfristig vergessen läßt)
- Gereiztheit im Kontakt mit anderen
- Lügen oder fadenscheinige Ausreden (keine Zeit, ins Kaufhaus zu gehen)
- Feindseliges Verhalten, statt einen Konflikt auszutragen (anhaltendes Nörgeln über Nebensächlichkeiten)
- Zwanghaftes Verhalten (wie ständiges Kontrollieren oder andauerndes Händewaschen)

Anstatt ein Angsterlebnis zu verdrängen, sollte man dafür sorgen, es in sein Leben zu integrieren. Versuchen Sie einen Sinn hinter dem Erlebten zu sehen, oder setzen Sie sich bewußt mit einer neuen beängstigenden Situation auseinander. Oft stellen einem Angstsituationen ganz bestimmte Aufgaben, die wir bewältigen müssen, um im Leben weiterzukommen.

Medikamente gegen die Angst?

Einfache Möglichkeiten
der Selbstbehandlung von
»normalen« Angstzuständen,
die keine Nebenwirkungen
nach sich ziehen, sind:
• Atem- und
Entspannungsübungen
• Bürstenmassagen
• Warme Bäder mit
entspannenden Zusätzen

Manche Angstpatienten sagen sich: »Es wäre einfacher, etwas einzunehmen. Gegen Angst gibt es doch Medikamente!« Sicherlich gibt es die. Doch die Entscheidung, Medikamente einzunehmen, ist in erster Linie abhängig von den Ursachen der Angst. Angst kann sowohl durch organische als auch durch psychische Faktoren hervorgerufen werden; beides kann zur Angstentstehung beitragen.

Die meisten Ängste sind allerdings psychisch bedingt; deshalb müssen wir auch dagegen etwas unternehmen. Dabei können Medikamente zwar vorübergehend die Angst mindern, sie aber nicht dauerhaft beseitigen. Die Ursachen der Angst bleiben unterschwellig bestehen.

Problematisch bei der allzu freizügigen Verwendung von Medikamenten, die die Angst herabsetzen, sind die Gefahr der Abhängigkeit, eventuelle Beschwerden durch Nebenwirkungen und die Lähmung des Bewußtseins.

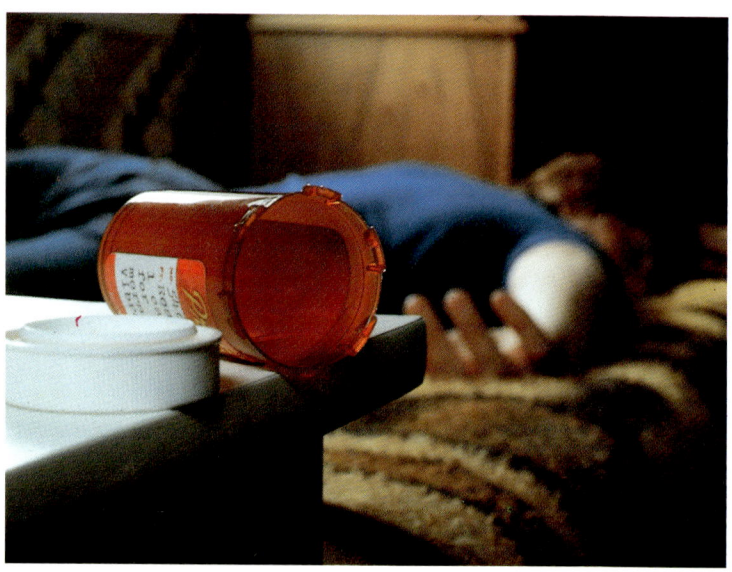

Bei schweren Angstzuständen, wie etwa Psychosen, werden neben therapeutischen Sitzungen auch Psychopharmaka verordnet. Die Gefahr der Abhängigkeit ist groß!

Nebenwirkungen

Psychopharmaka, Tranquilizer, »Glückspillen« – Medikamente haben verschiedene Nebenwirkungen; sie sind:

- Erregungsdämpfend
- Antriebsfördernd
- Stimmungsaufhellend.

Sicherlich können Medikamente schnell zu einer Entspannung führen. Tranquilizer (Beruhigungsmittel) beispielsweise lindern den Leistungsdruck und setzen dadurch die Erregungskraft von Angst herab. Andererseits machen sie auch müde und dämpfen die positiven Aspekte der Angst: die Warnfunktion und die Spannungssteigerung zur Überwindung von Schwierigkeiten oder Gefahren. Letztlich aber verschleiern sie die reale Situation des Betroffenen. Sie setzen die Bereitschaft für eine Veränderung der streßbedingten Lebensverhältnisse oder der angstmachenden Situationen herab und halten den Menschen von einer klärenden Auseinandersetzung mit seinen speziellen Ängsten ab.

Der regelmäßige Konsum von Psychopharmaka kann die Lebenshaltung und -einstellung eines Menschen von Grund auf ändern. Gerade die Einnahme von Tranquilizern fördert eine allgemeine Motivationslosigkeit, die bisweilen Lebensunlust oder sogar eine Suizidgefährdung nach sich ziehen kann.

Nur in schweren Fällen

Psychopharmaka oder Psychosedativa (Beruhigungsmittel) eignen sich nicht für den Dauergebrauch. Sie nehmen den Betroffenen oft nur die Kraft und die Motivation, ihr Leben wieder in den Griff zu bekommen – und sie können zur psychischen und physischen Abhängigkeit führen. Medikamente sollten daher nur in Notfällen, mit zeitlicher Begrenzung und vor allem unter ständiger ärztlicher Kontrolle eingenommen werden. Eine längere Einnahme ist eigentlich nur bei schweren Depressionen, Suchtkrankungen und psychotischen Formen von Angst berechtigt.

Einfache Ängste im Alltag

Unsere Gesellschaft basiert auf einem Leistungsdenken: Viele Menschen fühlen sich überfordert und haben Angst zu versagen.

Die meisten Ängste sind an bestimmte Erlebnisse gebunden, die man in Schule, Ausbildung oder Berufsleben, mit seinen Mitmenschen oder Lebenspartnern gemacht hat. Außerdem gibt es krankheitsbedingte Ängste, die im Zuge von organischen Beschwerden entstehen können, und Ängste neurotischer Natur.

Es geht jeden an

Menschen sind individuell verschieden – auch was den Grad ihrer Ängstlichkeit anbelangt. Dies hängt möglicherweise mit der Erbanlage, aber auch ganz stark mit unserer Erziehung und unserer Sozialisation zusammen. Die am weitesten verbreiteten Ängste und Befürchtungen lassen sich in drei große Gruppen einteilen:

- Leistungsängste (Angst zu versagen)
- Soziale Ängste (Angst vor Ablehnung)
- Entscheidungsängste (Angst davor, sich bei einer Problemstellung klar für eine Lösung zu entscheiden)

Diese Ängste betreffen viele Menschen. Sie beruhen oft auf einer subjektiv verzerrten Wahrnehmung von Situationen, einer negativen Selbstbewertung oder mangelnder Selbstbehauptung. Gegen diese Ängste kann man etwas tun.

Angst vor Ablehnung

Was denken die anderen über mich? Kennen Sie diese Befürchtung? Stellen Sie sich diese Frage vielleicht öfter? Im folgenden geht es um all jene Ängste, die mit dem Bild, das wir nach außen vermitteln, unserem Ansehen, mit der Ablehnung durch andere zu tun haben.

Wir wollen alle geliebt werden. Daher ist unser soziales Selbst stark von außen beeinflußt. Abgelehnt werden können wir im Grunde wegen allem und jedem. Die folgende Aufzählung zeigt Beispiele, die zu der Angst, abgelehnt zu werden, führen können.

- Wenn unsere Figur nicht dem Schlankheitsideal entspricht
- Wenn wir uns als unpassend gekleidet fühlen
- Wenn wir Gefühle zeigen und Meinungen sagen
- Wenn wir etwas für uns selbst tun, statt es erst allen anderen recht zu machen
- Wenn wir Leihgaben oder Geldbeträge zurückfordern
- Wenn wir zu spät kommen
- Wenn wir eine Prüfung nicht bestehen

Wir können aus vielen Gründen von unseren Mitmenschen abgelehnt werden – und diese Möglichkeit ängstigt uns. Die Angst vor ablehnenden Reaktionen anderer hängt zudem noch mit einer Vielzahl spezieller Ängste zusammen, z. B. vor überstarken körperlichen Reaktionen, wie Rotwerden und Zittern, vor Gefühlen, Verstößen gegen Verhaltensregeln, vor dem Versagen, vor dem Alter, vor Krankheit – und auch davor, uns etwas Gutes zu tun.

Das Selbstbewußtsein bröckelt

Schließlich können wir uns auch selbst ablehnen (weil wir versagt haben, unattraktiv sind usw.). Das geschieht aber meist dann, wenn wir die Ablehnung anderer befürchten. Werden wir abgelehnt, hat das zur Folge, daß wir einsam sind und nur wenige Freunde und Bekannte haben. Das kann aber auch dann passieren, wenn wir uns selbst ablehnen, uns deshalb immer weniger zutrauen und uns lieber gleich zurückziehen – auch diese Situation ängstigt uns.

Ein geringes Selbstwertgefühl hängt oft mit einer als lieblos erlebten Kindheit und Jugend zusammen. In der Folge neigen Menschen mit zuwenig Selbstvertrauen dazu, entweder zu schnell Kompromisse mit ihren Mitmenschen einzugehen oder sich aus Angst immer mehr in sich selbst zurückzuziehen.

25

Vermeidung möglicher Ablehnung

Es ist wichtig, von anderen anerkannt, gemocht und geliebt zu werden! Seit Urzeiten ist der Mensch ein soziales Lebewesen, man könnte auch sagen, ein Herdentier. Und trotz der mit der Industrialisierung einhergehenden sozialen Isolation in anonymen Städten, Mietskasernen und Kleinfamilien wird der Mensch die Gemeinschaft, Aufmerksamkeit, Zuwendung und Bestätigung von anderen brauchen. Wie wichtig das für uns ist, sehen wir schon daran, mit welchen Mitteln wir nach Aufmerksamkeit und Zuwendung durch andere streben, wenn sie uns diese nicht von selbst geben. Da passiert es sogar, daß wir krank werden, eine Krankheit vortäuschen oder etwas tun, für das wir möglicherweise bestraft werden: uns mit Migräne ins Bett legen, damit der Partner nicht schon wieder auf den Fußballplatz geht, zum wehleidigen Kranken werden, um Trost zu bekommen, den wir offenbar nicht anders erhalten. Denn am schlimmsten ist es für uns, von anderen völlig ignoriert zu werden. Negative Reaktionen erscheinen uns daher immer noch besser als gar keine.

Zuneigung und Liebe von anderen kann man nicht erzwingen oder künstlich durch Geschenke oder übertriebene Fürsorge herbeiführen. Wer sich dagegen selber mit all seinen Schwächen voll und ganz akzeptiert und gerne mag, strahlt dies nach außen aus und wird dadurch auch positiver von seiner Umwelt angenommen.

Wann ist die Angst vor Ablehnung zu groß?

Werden wir von anderen akzeptiert und angenommen, dann mögen wir uns auch selbst und trauen uns etwas zu – soweit sind unsere Ängste vor Ablehnung nützlich für uns. Ernst wird es jedoch dann, wenn wir andauernd befürchten, abgelehnt zu werden, wenn wir alle wie auch immer ausgerichteten negativen oder merkwürdigen Reaktionen der Menschen um uns herum auf uns selbst beziehen und als Ablehnung deuten, beispielsweise den abwesenden Blick des Sitznachbarn im Stadtbus, den flüchtigen Gruß des eiligen Briefträgers, die schlechte Laune des Chefs oder das hämische Grinsen der Stammtischkumpel.

Ab wann es kritisch wird

Wenn wir Situationen, in denen die Möglichkeit besteht, abgelehnt zu werden, aus lauter Angst vermeiden oder nur unter großer Angst ertragen, hat das auf lange Sicht fatale Folgen: Wir passen uns dann nur noch an und wissen dabei nicht mehr, wer wir sind, was wir wollen und fühlen. Problematisch wird es auch, wenn wir davon überzeugt sind, alle Mitmenschen müßten uns lieben, während wir uns selbst aber als unfähig und wertlos einschätzen.

Die Folgen der Vermeidungsstrategie

Meiden wir Situationen, in denen wir Ablehnung erfahren, hat das im Lauf der Zeit negative Einflüsse auf unsere Persönlichkeit.

- Wir geraten in den Kreislauf der Angst vor der Angst.
- Wir prüfen jede neue Situation auf die Möglichkeit einer Ablehnung – und weichen ihr aus.
- Wir trauen uns nichts mehr zu, unser Selbstwertgefühl schwindet immer mehr.
- Wir schränken unsere sozialen Kontakte und Aktivitäten zunehmend ein, fühlen uns einsam und grübeln. Dies kann bis hin zu Erkrankungen wie Depressionen und psychosomatischen Beschwerden führen.
- Wir enden genau da, wo wir ja nicht hinwollten, weil unsere Angst überstark wird und somit keine Hilfe mehr für uns ist, sondern uns nur noch hemmt.

Wo also liegt der Fehler? Da gibt es einiges, was besonders wichtig ist. Eine der häufigsten Ursachen einer überstarken Angst vor ablehnenden Reaktionen besteht in einem zu schwachen Selbstwertgefühl – doch das können wir stärken.

Anpassung an andere Menschen und Situationen ist prinzipiell kein schlechter Charakterzug, denn erst er fördert das soziale Zusammenleben. Doch wenn dieses Verhalten zu dominant wird, so daß man seine eigenen Bedürfnisse und Wünsche aus den Augen verliert, sollte man auf die Bremse treten und sich wieder auf sich selbst besinnen.

Was tun bei Angst vor Ablehnung?

Nicht alles auf sich selbst beziehen

Wir sind uns oft ganz sicher, daß wir persönlich für das Verhalten des anderen verantwortlich sind. Das ist falsch! Wir dürfen nicht jegliches Verhalten anderer – den verärgerten Gesichtsausdruck, den fehlenden Gruß, die knappe Antwort, den flüchtigen Händedruck usw. – auf uns selbst beziehen.

Eine kleine Gedankenübung

In einer verfahrenen Situation sollte man beide Möglichkeiten – etwas an mir oder meinem Verhalten ist schuld, oder es liegt an etwas anderem – gegeneinander abwägen. Die Erfahrung zeigt, daß wir uns dann nicht mehr so häufig selbst als den Verursacher von schlechter Laune bei anderen Leuten sehen.

● Zunächst überlegen wir uns, aus welchen von uns unabhängigen Gründen sich der andere so verhalten haben könnte. Es gibt immer eine Fülle möglicher Erklärungen: Wer sich uns gegenüber in einer unerwünschten (als kränkend, ignorierend oder anders ablehnend erlebten) Weise verhält, hat vielleicht Ärger mit dem Nachbarn oder den Arbeitskollegen, mag unter Verstopfung leiden, die erwartete Gehaltserhöhung nicht bekommen haben oder sich ganz andere Gedanken machen.
● Nachdem wir uns das überlegt haben, sollten wir uns fragen, wie wahrscheinlich es ist, daß irgend etwas an uns die Ursache für das Verhalten des anderen ist, oder welche anderen Gründe dieses ausgelöst haben könnten.

Andere Menschen denken nicht immer schlecht

Eine andere, aber keineswegs weniger häufige Ursache überhöhter Angst vor Ablehnung besteht darin, daß Reaktionen anderer vorzugsweise als negativ gedeutet werden. Wir meinen, daß jemand anders von uns denkt, wir seien albern oder kindisch, verantwortungslos oder dumm.

Fragen wir uns aber doch einmal andersherum: »Was denken die Leute Gutes von mir, wo komme ich bei den anderen an?« Nun sollten wir wieder abwägen, wie wahrscheinlich es ist, daß andere etwas Negatives denken, oder aber, daß sie etwas denken, was sogar positiv für uns ist.

Dabei können wir oft feststellen, daß wir dem Mitmenschen voreilig negative Gedanken über uns unterschieben.

Darüber reden

Man kann noch einen Schritt weitergehen und sich nicht nur die Frage »Was denkt der andere von mir?« für sich selbst weniger negativ beantworten, sondern auch die betreffende Person direkt auf ihr Verhalten ansprechen: warum sie abwesend ist, uns nicht sieht, grimmig oder nachdenklich schaut; was sie denkt, wenn wir vor uns hinschimpfen, unruhig hin und her laufen oder uns etwas genau erklären lassen. Damit hören wir auf, über den anderen zu grübeln, und erfahren mehr von dem, was er wirklich denkt.

Ein Aussprechen der Ängste wirkt in vielen Fällen Wunder. Das Gespräch mit einem vertrauten Menschen oder einem guten Freund hilft oft dabei, den Konflikt, in dem man sich im Angstmoment befindet, klarer zu erkennen und die seelische Situation zu harmonisieren.

Ein offener, ehrlicher Dialog mit einem nahestehenden Menschen kann oft den Besuch beim Therapeuten ersetzen. Denn die Vertrautheit mit dem Zuhörer schafft spontan eine entspannte Gesprächsgrundlage.

29

Die Fallen der Abhängigkeit

Aus Angst, nicht akzeptiert zu werden, begibt sich der einzelne leicht in ein Abhängigkeitsverhältnis, deren Regeln er sich selbst aufgestellt hat. Hierzu gehören:

- Der Wunsch, beliebt zu sein, d. h., es allen recht zu machen
- Konflikten aus dem Weg gehen und keine Partei ergreifen
- Niemals Fehler machen
- Keine Schwächen zeigen

Kritik kann sehr positiv sein

Im Gespräch mit anderen über seine Angst muß man auch bereit sein, gegebenenfalls Kritik einzustecken. Wer sich hier zu überempfindlich zeigt, sperrt sich, positive Ansätze zu verfolgen und irgend etwas an seiner bisherigen Lebensführung zu ändern. Er bleibt gewissermaßen in seiner Entwicklung stecken.

Übergroße Angst vor Ablehnung kommt auch dadurch zustande, daß wir Kritik anderer als etwas Negatives ansehen. Kritik kann aber sehr hilfreich sein. So werden wir vielleicht auf Dinge aufmerksam, die uns selbst stören, uns aber noch nicht aufgefallen sind: daß wir uns z. B. dauernd hinter dem Ohr kratzen oder uns das mausgraue Hemd wirklich nicht steht. Oder wir lernen Dinge, die nützlich sind: wie man geschickter mit dem Vermieter redet oder auf einer Behörde durchsetzungsfähiger wirkt. Wir müssen uns bei solchen kritischen Bemerkungen anderer nur klarmachen, daß nicht unsere Persönlichkeit als solche angegriffen, sondern im Grunde nur eine Kleinigkeit kritisiert wird.

Sich selbst akzeptieren

Eine weitere Ursache zu starker Angst vor Ablehnung besteht darin, daß wir zu sehr von der Anerkennung durch andere abhängig sind und uns selbst zuwenig mögen. Aber wie können wir bei unserer Selbsteinschätzung von der Meinung anderer unabhängig werden? Das sieht schwerer aus, als es in Wirklichkeit ist!

Sich eigene Stärken bewußtmachen

Hilfreich ist es, wenn wir für uns selbst überlegen, welche Qualitäten wir haben; dabei müssen wir an alles denken, was zu uns gehört – Eigenschaften, Fähigkeiten, Verhaltensweisen, Aussehen, Kleidung. Alle Merkmale, die uns einfallen, sollten wir schriftlich festhalten. Am leichtesten fällt das, wenn wir einen Zettel an einem bestimmten Ort bereitlegen. So können wir ungezwungen über einen längeren Zeitraum hinweg im Alltag sammeln, was uns an uns selbst auffällt: zunächst die positiven Eigenschaften, aber auch Negatives, das wir in einer separaten Spalte notieren können. Das soll nicht heißen, daß andere auf uns nicht ablehnend reagieren oder negativ über uns denken können. Es gibt eben Menschen, denen wir unsympathisch sind. Und es gibt auch solche, die uns mögen, so wie wir sind.

Von allen geliebt sein – geht das?

Häufig denken wir bei zu großer Angst vor Ablehnung, daß uns alle Menschen mögen müssen. Dieser Gedanke sollte unbedingt hinterfragt werden mit Überlegungen wie:

- Gibt es überhaupt jemanden, der von allen Menschen gemocht wird?
- Was bringt es mir, wenn mich jeder mag?
- Was muß ich auf mich nehmen, um das zu erreichen?
- Will ich all das tun?
- Von wem möchte ich unbedingt gemocht werden?
- Was muß ich dafür tun?
- Will ich das auf mich nehmen?
- Was genau verliere ich, wenn mich Herr X oder Frau Y nicht mag?
- Kann ich das auch von jemand anders bekommen?

Kaum ein Mensch wird von allen anderen geliebt, geschweige denn für gut, schön und klug befunden. Die Frage ist dabei auch, wie wichtig einem die Meinungen »aller« Menschen für das eigene Leben sind. Wesentlich beruhigender und konstruktiver hingegen kann ein kleinerer, vertrauter Freundeskreis sein.

Bei der Beantwortung dieser Fragen kommen wir unserem unbestimmten Gefühl, es allen recht machen zu wollen, näher. Wir gelangen darüber hinaus zu einer eher zutreffenden Einschätzung von Gefahren für das eigene Ansehen und mindern so unsere Angst vor Ablehnung.

Sich perfekt verhalten wollen

Wer von Kindheit an zu absolutem Gehorsam und großer Rücksichtnahme insbesondere den Erwachsenen gegenüber erzogen wurde, hat später häufig Probleme, seine eigenen Bedürfnisse in den Mittelpunkt zu stellen. Doch erst wenn diese alten Muster gesprengt sind und man zu sich selbst gefunden hat, wird einem auch aufrichtige Anerkennung von außen zuteil.

Aus Angst, von anderen abgelehnt zu werden, suchen wir nach festen Regeln, die uns die Akzeptanz garantieren.
Es gibt ja tatsächlich allgemeine Verhaltensregeln, die besonders im Umgang mit anderen Menschen zu beachten sind. Dazu gehören Freundlichkeit, Pünktlichkeit, Höflichkeit. Wir haben von Kindheit an gelernt, wie wir uns verhalten sollen. Der Fehler, den wir machen, wenn wir diese erlernten Vorschriften einhalten wollen, ist, daß wir meinen, immer nett, immer höflich, immer perfekt sein zu müssen. Mit der Vorstellung von dem eigenen perfekten Verhalten erlegen wir uns selbst Verbote auf. Demnach dürften wir nie:

- Unsere wahren Gefühle zeigen, auch wenn wir vor Ärger platzen könnten oder uns zum Heulen zumute ist
- Unsere gegenteilige Meinung sagen, auch wenn wir felsenfest davon überzeugt sind
- Einen Gefallen ablehnen, obwohl uns Verpflichtungen schon über den Kopf wachsen
- Eine Einladung absagen, wenn wir todmüde sind
- Etwas für uns selbst tun, bevor wir nicht allen anderen gerecht geworden sind, uns z. B. genüßlich in die Badewanne legen, wenn die Hemden des Gatten noch ungebügelt sind, oder uns hinter der sehnsüchtig erwarteten Tenniszeitschrift verkriechen, wenn der Wasserhahn noch tropft
- Ausgeliehene Gegenstände oder Geldbeträge zurückfordern, auch wenn wir sie noch so dringend brauchen

Der vorübergehende Rückzug in die Privatsphäre ist hilfreich, wenn man sich überreizt oder schwach fühlt. Ständige Zurückgezogenheit von der Außenwelt kann bei entsprechender seelischer Anlage jedoch auch krank machen.

Ist uns nach all diesen persönlichen Einschränkungen garantiert, daß uns nun jeder Mensch mag? Gewiß nicht! Doch dann bleibt die Frage, warum wir uns immer noch selbst so stark zurücknehmen.

Die eigenen Wünsche stärker betonen

Keinesfalls sollten wir das Kind mit dem Bade ausschütten, unfreundlich, rücksichtslos und unzuverlässig werden. Vielmehr sollten wir zu allgemeine Verhaltensregeln konkretisieren. Das geht, indem wir uns fragen, unter welchen Umständen sie für uns selbst und andere tatsächlich nützlich sind. Ist jemand, der nie seine Meinung sagt, wirklich immer ein hilfreicher Freund, eine Person, die ihre Gefühle nicht zeigt, tatsächlich immer ein lieber Partner (mit oder ohne Trauschein)? Auch sollten wir uns fragen: Sind wir tatsächlich ein unfreundlicher oder unhöflicher Zeitgenosse, wenn wir einmal unsere Gefühle zeigen, Wünsche verwirklichen, Meinungen sagen oder unseren Bedürfnissen nachgehen?

Wenn man lange nicht mehr auf seine innere Stimme gehört hat und gar nicht mehr weiß, wie denn die eigenen Wünsche und Befindlichkeiten aussehen, sollte man sich diese Schritt für Schritt wieder bewußtmachen. Das kann schon beim Kauf von einem Paar Schuhe geschehen, bei dem einem plötzlich bewußt wird, daß Pink schon immer die Lieblingsfarbe war.

Überlegen sollten wir auch, bei welchen Personen wir in welcher Situation bereit sind, welche Nachteile unseres Immer-nett-Seins, Immer-freundlich-Seins und Immer-perfekt-Seins in Kauf zu nehmen. Ist es notwendig, den Nachbarn, über den wir uns ärgern, lächelnd zu grüßen oder beim Stammtisch auf ein Käsebrot zu verzichten, weil das Geld nur reichen würde, wenn wir von dem Kumpel gegenüber die ausgeliehenen zehn Mark zurückforderten?

Die Angst schon vorweg verarbeiten

Mildern kann man einen Angstausbruch, indem man sich die beängstigende Situation schon von vornherein bewußt macht. Bei regelmäßiger Übung schwindet die Angst irgendwann ganz oder ist nur noch wenig merkbar.

Um die Angst vor Ablehnung zu mindern, ist es wichtig, uns den Situationen, die uns deshalb angst machen, zu stellen. Das können wir zunächst in der Vorstellung tun. Dabei müssen wir uns das, was uns angst macht (einen Korb kriegen, am Telefon schnell abgefertigt werden, eine bestimmte Person ansprechen, irgendwo zu spät kommen usw.), möglichst konkret und lebendig vorstellen. Dadurch lassen wir die Angst frühzeitig zu und rufen sie sogar hervor.

In der Psychologie heißt das Angstverarbeitung. Durch sie schieben wir den Zeitpunkt unserer größten Angst, das Angstmaximum, weg von der tatsächlichen Situation auf einen Zeitpunkt vorher, zu dem wir noch entspannt sind. Kommen wir dann in die Situation, die uns ängstigt, haben wir einen Teil der Angst schon abgearbeitet. Wir trauen uns dann vielleicht doch und sind weniger gehemmt.

Bewältigungsstrategien

Wir können unsere Angst aber nur dann in den Griff bekommen, wenn die Vorstellung der Situation so wirklichkeitsnah ist, daß sie uns angst macht. Es kommt dabei nicht darauf an, daß wir alles so vorwegnehmen, wie es dann tatsächlich sein wird, denn das können wir vorher nicht wissen. Wir bauen in unserer Vorstellung für den Fall der Fälle Bewältigungsstrategien auf, was wir tun können, wenn wir zu spät kommen, unpassend gekleidet sind, angenörgelt werden, weil wir noch nicht alle Pflichten erledigt haben.

Tritt dann die reale Situation ein, in der wir meinten, Angst zu haben, können wir besser damit umgehen. Wir stellen fest, daß die Angst weniger wird, daß wir Gefahren überschätzt haben, daß wir – entgegen unserer Befürchtung – mit einer Bedrohung, einem schimpfenden Partner, einem unhöflichen Verkäufer u. a. doch umgehen können. Das Training für den Ernstfall macht uns noch nicht zu Profis, aber wir lernen, die auftretende Angst besser abzuschätzen.

Nach einem schrecklichen Erlebnis, das einen aus der Fassung gebracht hat, sollte man sich entspannt hinsetzen oder -legen und daran denken, daß einen jede Minute, jede Viertelstunde und jede Stunde weiter weg von dem Geschehen bringt. So ist es zwar in der Erinnerung vorhanden, wirkt aber nicht wie eine ständig in Panik versetzende Bedrohung.

Techniken gegen die Angst im Alltag

Was in der Psychotherapie bei Angstpatienten angewandt wird, können auch Sie gegen die Angst im Alltag einüben.

1. Systematische Desensibilisierung

Hierbei stellt man sich eine Situation, die Angst hervorruft, in entspanntem Zustand bildlich genau vor. Die negativen Gedanken sollen bewußt gesteigert werden, um an die vermeintliche Angstschwelle heranzukommen. Dabei macht man die Erfahrung, daß die Angst nicht zu dem führt, was man befürchtet hatte (Verwirrung, Ohnmacht usw.), und lernt, seine Gedanken für den realen Fall unter Kontrolle zu halten.

2. Selbstbehauptungstraining

Meist in Rollenspielen wird das Sprechen in der Gruppe eingeübt. Auch dies ist als ein Training für den Ernstfall gedacht, indem man seine eigenen Gefühle beim lauten Sprechen und anhand der Reaktionen der anderen kennenlernt.

3. Angsttagebuch

Hierin werden alle Selbstbeobachtungen, Gedanken und Gefühle sowie körperlichen Reaktionen festgehalten.

Die Angst zu versagen

Bei Neuem und Bekanntem versagen

Jedem von uns ist es schon passiert, daß bestimmte Wünsche nicht erfüllt wurden oder man an bestimmten Zielvorgaben gescheitert ist. Dieser Vorgang des Scheiterns ist wichtig für uns, denn er zeigt unsere Grenzen auf. Innerhalb dieser leben wir möglicherweise zufriedener, als wenn wir uns ständig überfordern und mehr von uns verlangen, als Kapazitäten vorhanden sind.

Haben wir Angst, im Beruf oder zu Hause den Anforderungen nicht gerecht zu werden? Haben wir das Gefühl, alles wächst uns über den Kopf und jeder Tag ist zu kurz für das, was erledigt werden muß?

Die sogenannten Leistungsängste treffen wir im Alltag ebenso häufig an wie die sozialen Ängste, die Angst vor Ablehnung.

Häufige Angst vor dem Scheitern

Die Angst vor dem Versagen hat eine qualitative (wie gut ist meine Arbeitsleistung?) und eine quantitative (wieviel schaffe ich an einem Tag?) Komponente und tritt auch in Zusammenhang mit Verhaltensänderungen (funktioniert jetzt für mich alles anders?) auf. Weil es eine Unzahl von Gelegenheiten gibt, bei denen wir versagen können, und die Angst, einer Sache oder einer Person nicht gewachsen zu sein, deshalb bei vielen anderen Ängsten eine Rolle spielt, gehört sie zu den am häufigsten vorkommenden und wichtigsten Ängsten.

Spirale der Angst

Und dann hat unser Versagen ja auch noch Folgen: Wir werden von anderen abgelehnt, lehnen uns selbst ab, gelten als unfähig und sehen uns selbst auch so, uns wird nichts zugetraut, und wir trauen uns selbst nichts mehr zu, wir zweifeln an uns selbst und fühlen uns minderwertig. Das Angestrebte, z. B. die Steuerrückzahlung, den Abschluß der Ausbildung, neue Freunde, erreichen wir nicht.

Verschieben bringt neue Ängste

Eine Aufgabe, die bewältigt werden muß, sollten wir nicht zu lange aufschieben. Bis sie endlich erledigt ist, sind wir unzufrieden, unsicher, ob es klappt, denken andauernd daran und haben Schwierigkeiten, uns auf andere Dinge zu konzentrieren oder anderes zu genießen. Wir fürchten, dann Nachteile zu haben: wenige Bekannte, weiterhin vom Nachbarn wegen des unordentlichen Gartens schief angesehen werden, kein berufliches Weiterkommen an dem Arbeitsplatz ohne Computererfahrung usw. Dabei machen wir uns selbst Vorwürfe und leiden unter Schuldgefühlen. Der im Moment einfache Weg, ein Ziel aufzugeben, bringt also Angst hervor. Auch so haben wir – wenn auch auf andere Art – versagt und bekommen Angst vor den Folgen.

Der Sache aus dem Weg zu gehen, indem wir sie andere erledigen lassen, scheint zwar zunächst bequem zu sein, befreit aber auch nicht von Angst; wieder haben wir ja doch versagt. Ängste vor den Folgen kennen wir schon; hinzu kommt hier jedoch noch die Angst vor Abhängigkeit von unseren Mitmenschen, eben denjenigen, die etwas für uns tun.

Nicht aus der Übung kommen

Wählen wir öfter als nötig den auf den ersten Blick am einfachsten erscheinenden Weg, uns der Sache nicht zu stellen, wird die Versagensangst immer größer, und wir trauen uns immer weniger zu. Das kann so weit gehen, daß bis dahin wie selbstverständlich erledigte Aufgaben, z. B. das Zusammenstellen passender Kleidung für einen bestimmten Anlaß, zu unüberwindbar erscheinenden Hürden werden und wir andauernd damit beschäftigt sind, für uns selbst und andere Ausreden zu finden, daß wir uns nichts mehr vornehmen, wobei wir vielleicht versagen könnten.

Depressive Verstimmungen können die unangenehme Folge von Versagensängsten sein. Man verliert den Mut, fühlt sich klein und hilflos und kriegt kein Bein auf die Erde. Wichtig ist hierbei, sich nicht in seinen düsteren Gedanken zu verlieren und mit sich zu hadern, sondern nach vorn zu blicken und sich mit einfachen Dingen, wie einem Spaziergang an der frischen Luft, etwas Gutes zu tun.

37

Wenn Angst die Leistungen hemmt

Angst kann in vielen Situationen leistungsfördernd wirken. Durch eine gewisse Anspannung konzentrieren wir uns nur auf das, was gerade gefordert wird.

Angst kann aber auch das Gegenteil bewirken. Lähmend und für uns gefährlich wird sie, wenn wir:

- Andauernd den Eindruck haben, wir seien überfordert von etwas, was wir gerne tun würden oder tun sollten (Das ist, als ob wir vor einem riesigen Berg stehen, der unüberwindbar zu sein scheint)
- Ständig an das, was uns angst macht, denken müssen und uns auf nichts anderes mehr konzentrieren können
- Etwas unnötig lange aufschieben
- Etwas von anderen erledigen lassen
- Ein Ziel voreilig aufgeben
- In einer ängstigenden Situation so starke Angst haben, daß wir sie nicht mehr meistern können (Das kann sich in körperlichen Reaktionen zeigen wie Erröten, Schwitzen, Schwindelgefühl usw.)
- Uns bei jeder Gelegenheit hilflos und unfähig fühlen und denken: »Ich kann das nicht!«, »Ich bin minderwertig!« »Andere können das!«

Ein wenig Angst, beispielsweise vor einer Prüfung, kann sich durchaus positiv auswirken, denn der Adrenalinschub im Körper sorgt für erhöhte Wachsamkeit und Konzentration. Problematisch wird es allerdings, wenn die Angst so überdimensional wird, daß man kein Wort mehr herausbringt. Hier können ein paar tiefe Atemzüge und das Schließen der Augen hilfreich sein.

Ziele abstecken

Haben wir Angst, irgend etwas nicht zu schaffen, ist das zunächst nichts anderes als ein Hinweis für uns, daß wir überlegen, wie Ziele zu verwirklichen sind: wie wir große Ziele in kleine Schritte unterteilen können, was uns daran hindern könnte, das Geplante zu verwirklichen, was wir können, was wir noch lernen müssen, wer uns helfen könnte usw. Bis dahin ist diese Angst gut für uns, sie macht uns darauf aufmerksam, daß etwas nicht klappen könnte.

Leistungsangst bewältigen

Was können wir tun, wenn wir Angst haben zu versagen? Wenn das, was wir möchten oder sollen, scheinbar zuviel für uns wird? Übergroße Angst, etwas nicht zu schaffen, haben wir meist dann, wenn unser Ziel zu allgemein formuliert ist. Zunächst einmal müssen wir unser allgemeines Ziel konkret beschreiben: Was ist eine gute Mutter, eine gelungene Party, eine ordentliche Hausfrau, ein guter Ehemann, ein ordentlicher Garten, ein zufriedenstellendes Gespräch, ein schöner Adventskranz? Haben wir dann eine Beschreibung dessen, was wir erreichen wollen, hilft uns das, einigen weiteren wichtigen Ursachen unserer Angst entgegenzuwirken.

Projekte richtig zum Ziel führen

In einem zweiten Schritt, nachdem wir unsere Vorstellungen formuliert haben, können wir uns fragen: Wie soll der Garten aussehen, wenn er in Ordnung ist? Die Antwort könnte lauten: Hecken auf einen Meter Höhe kürzen, Unkraut entfernen, zusätzlich rote Blumen in das Blumenbeet, statt Kartoffeln Salat in das Gemüsebeet.

Teilziele und Teilschritte helfen, dem Gesamtziel näherzukommen. Damit wird die Situation nicht nur übersichtlicher, sondern auch der Eindruck, im Kopf herrsche nur Chaos, verschwindet. Zudem stellen wir meist fest, daß wir vieles von dem, was notwendig ist, können; das reduziert unsere Angst.

Kleine Schritte sind öfter von Erfolg gekrönt als Siebenmeilenschritte, und man ist weniger enttäuscht, wenn man auch das kurzgefaßte Ziel noch nicht erreicht hat. Zerlegen Sie daher Ihre Zielvorstellung in mehrere Etappenziele. Sie werden mit Ihren Leistungen deutlich zufriedener sein!

Angst vor Zeitmangel

Wird ein Ziel allgemein formuliert, birgt das die Gefahr in sich, daß wir meinen, die Sache müsse schlagartig erledigt sein. Da dies aber meist nicht geht, sind wir bis zum Erreichen des Ziels andauernd unzufrieden und haben Angst, es nicht zu schaffen. Haben wir das Ziel in einzelne Schritte zerlegt, können wir den notwendigen Zeitaufwand besser einschätzen, uns einen Zeitplan machen (möglichst schriftlich) und, falls die Zeit zu knapp wird, rechtzeitig das Ziel verändern (z. B. wegen mangelnder Zeit für Vorbereitungen einen Imbiß reichen statt eines Menüs mit fünf Gängen). Das Gesamtziel (eine gelungene Feier ausrichten) wird nicht aufgegeben, und das verleiht uns mehr Selbstvertrauen und vermindert die Angst.

Wissen vermindert Angst

Fehlende Informationen können große Angstverursacher sein: Probleme im Umgang mit dem Computer können so zu einer generellen Angst vor der Technik werden und Gerüchte von Marsmenschen lassen die Invasion von Außerirdischen zum nächtlichen Trauma werden.

Auch die Angst vor dem Fehlen von Informationen, eigenen Fertigkeiten und der Unterstützung durch andere gehört zu den Leistungsängsten. Ist das große Ziel, z. B. eine fremde Person ansprechen oder Antragsformulare ausfüllen, in einzelne Schritte unterteilt, können wir leichter überlegen: Was muß ich noch wissen, z. B. darüber, wie der Computer funktioniert, was kann ich selbst, was kann ich noch lernen, wer kann mir helfen, welche Geräte brauche ich, welche Geräte habe ich und wo kann ich die anderen bekommen? Wir können uns auch überlegen: Wie kann ich das Ziel verändern, wenn ich etwas nicht kann, nicht mehr lerne, mir niemand hilft, Geräte fehlen usw.? Zudem merken wir nach jedem geschafften Schritt, daß wir ja doch etwas können; so steigern wir unser Selbstvertrauen.

Angst bei Prüfungen

Prüfungssituationen sind immer von Streß begleitet. Nimmt aber die Angst vor der Situation überhand, werden wir nicht gut dabei abschneiden. Prüfungen wird es im Leben immer wieder geben: ob Schule, Lehre, Studium, Führerscheinprüfung oder bei diversen Fort- und Weiterbildungslehrgängen.

Auch wichtige Gespräche, z. B. mit dem Vermieter, dem neuen oder alten Chef, dem Arzt, dem Partner oder den Eltern, sind mit Prüfungen zu vergleichen, ebenso Vorträge, seien sie in der Universität, im Beruf oder als Redner bei verschiedenen Feierlichkeiten. Dabei passiert es, daß wir schon lange vorher in Panik geraten. Am liebsten würden wir das Bevorstehende verdrängen oder ihm ganz aus dem Weg gehen.

Aber durch Prüfungen muß jeder durch, sonst erhalten wir keinen Abschluß, und wichtige Gespräche können wir nicht unbedingt anderen überlassen und ihnen ausweichen.

Ein Arbeitsplan mit Belohnung

Anfangen sollten wir damit, uns konkret zu überlegen, was zu schaffen ist: Was muß ich in der Prüfung wissen? Was will ich in dem Gespräch erreichen? Was will ich in meinem Vortrag oder meiner Rede sagen? So kommen wir zu dem, was wir lernen oder worauf wir uns vorbereiten müssen.

Prüfungsangst ist unangenehm, aber kein Drama. Wichtig dabei ist, möglichst loszulassen, sich positiv zu bestärken und auch ein eventuelles Scheitern mit in Kauf zu nehmen. Hat man versagt, sollte das Selbstbewußtsein nicht zu sehr darunter leiden. Eine Analyse des Scheiterns (mangelnde Vorbereitung, zuwenig Schlaf etc.) hilft dabei, die Aufgabe von neuem anzugehen.

Prüfungsängste kennen die meisten. Sie können aber auch das Magenkribbeln und den Adrenalinausstoß nutzen: Beides macht Sie wacher, aufmerksamer und konzentrierter. Begeben Sie in dieser Situation nur einen Fehler nicht: Kritik, die in diesem Moment kommt, als persönlichen Mangel anzusehen.

Anschließend sollten wir all das, was vorher noch zu tun ist, in kleine Ziele aufteilen, für die wir uns fragen, wie und in welcher Zeit sie zu erreichen sind. Am besten machen wir das mit einem schriftlichen Arbeitsplan. Dieser Plan muß so konkret und realistisch wie möglich sein und alle bis zu dem betreffenden Ereignis verbleibenden Tage einschließen. Das bedeutet, daß wir uns für einen Tag nur das vornehmen sollten, was wir nach unserer Erfahrung schaffen können.

In diesen Plan sollten wir auch kleine Belohnungen schreiben, die uns immer dann zustehen, wenn wir an einem Tag gut vorangekommen sind (z. B. einen Kinobesuch, eine Zeitschrift oder Blume kaufen, lange in der Badewanne liegen).

Eine mangelhafte Organisation ihres Alltags kann nicht nur manche Manager den Job kosten. Die Folgen einer schlechten Zeitverwaltung kann auch schon eine Mutter mit einer kleineren »Firma« von zwei Kindern deutlich spüren. Ein genauer Zeitplan hilft dabei, seelischer Überbelastung und Leistungsängsten vorzubeugen.

Mit einem Zeitplan die Zeitnot vertreiben

Mit einem genauen Zeitplan begegnen wir auch unserer Angst, etwas zu lange aufzuschieben. Ferner werden die Ängste reduziert, bis zum Erreichen des Ziels unzufrieden oder unsicher zu sein. Durch das Zerlegen in einzelne Schritte sehen wir bereits vor dem Ziel Erfolge.

Zeitplan gegen die Angst

Schreiben Sie zunächst auf einen Zettel das große Ziel auf, das Sie erreichen wollen.

Als nächstes können Sie den Weg dahin in immer kleinere Schritte unterteilen. Dabei notieren Sie auch, was bereits erledigt ist oder welche Aufgabe ein anderer übernehmen kann.

Zu einem Zeitplan gehört auch die Abschätzung der Dauer einzelner Arbeitsschritte. Keine Sorge, wenn Sie sich in der Zeit verschätzen: Ihr Plan ist jederzeit veränderbar. Korrekturen sollten Sie beim Erstellen mit einplanen.

Ein solcher Arbeitsplan hilft, die Angst vor tiefergehenden Überlegungen oder Körperreaktionen zu mindern:

- Die Angst vor Zeitmangel (wir haben ja alles gut eingeteilt)
- Nicht genug zu wissen (alles Notwendige haben wir schließlich berücksichtigt)
- Während der Vorbereitung dauernd unzufrieden zu sein (der Plan zeigt auch, was wir schon geschafft haben)
- Den Überblick zu verlieren und deshalb ein Chaos im Kopf zu haben (den Überblick haben wir auf dem Papier)
- Unvorhergesehenem, das uns an der Vorbereitung hindert (dafür haben wir Zeiten eingeplant), Raum zu geben
- Keine Freizeit mehr zu haben und auf alles Angenehme verzichten zu müssen (auch das ist im Plan vermerkt)

Die Situation selbst vorbereiten

Bei der Prüfungsangst haben wir genaugenommen zwei verschiedene Ängste zu bewältigen. Wir müssen uns auf den Inhalt des Gesprächs, der Prüfung, des Vortrags oder der Rede vorbereiten, aber ebenso auf die Situation, in der wir uns dann befinden. Angst entsteht auch durch den Rahmen, in dem die Prüfung stattfindet (z. B. der unbekannte Raum, die Zuhörer, das Verhalten des Prüfers, die Anwesenheit mehrerer Prüfer). Und dann kann die Angst kommen, von der Angst übermannt zu werden und deshalb Herzrasen zu bekommen, uns auf Fragen nicht mehr konzentrieren zu können und plötzlich alles Gelernte zu vergessen.

Solche Angst verdrängen wir gern bis zu dem Termin selbst. Besser aber ist es, die Angst schon vorher zuzulassen – ja sogar frühzeitig hervorzurufen – und so einen Teil dieser Angst schon vorher zu verarbeiten. Damit die Angstvorwegverarbeitung gelingt, sollten wir uns die Situation einige Zeit vorher möglichst genau und lebendig vorstellen.

Um ein Problem aufzuarbeiten, hat es sich bewährt, alles, was damit zusammenhängt, aufzuschreiben, es zu ordnen und dann eine Lösungsstrategie zu entwickeln. Wichtig dabei ist allerdings auch eine humorvolle und gelassene Haltung sich selbst gegenüber und vor allem – Toleranz!

Gerade Prüfungsangst kann ein Mensch durch Umpolung zu einer konstruktiven Komponente für sich machen: Durch Rollenspiele, die die Prüfungssituation imitieren, lassen Sie das Gefühl der Angst zu. Versuchen Sie gerade hierbei darauf zu achten, was der Adrenalinstoß mit Ihrem Konzentrationsvermögen und Ihrer Sensibilität ausmachen kann.

Angstmacher benennen

Alles, was uns angst macht, sollten wir uns konkret vorstellen, damit wir der realen Situation nahekommen.

1. Sehen Sie sich den Ort des bevorstehenden Geschehens vorher an, und hören Sie bei einer Prüfung schon einmal zu.

2. Eine konkrete und lebendige Vorstellung mindert die Angst und hilft, für den Fall der Fälle geeignetes Bewältigungsverhalten aufzubauen. Anfangen sollten Sie damit etwa eine Woche vor dem Termin täglich 15 Minuten.

3. Das Gespräch oder die Prüfung können Sie vorher mit einer anderen Person durchspielen. Diese Person sollte den Gesprächspartner oder Prüfer möglichst genau darstellen.

4. Eine Rede können Sie vor dem Termin für sich selbst oder besser noch mit Zuhörern halten. Auch das hilft, vor dem Tag X Angst abzuarbeiten und Bewältigungsverhalten für die reale Situation aufzubauen.

Angstsituationen kann man sehr gut vorbereiten, indem man sie mit Freunden vorab einmal durchspielt, um sich eventuell mit Örtlichkeiten und Inhalten vertraut zu machen. Oftmals bewirken diese Rollenspiele nicht nur das Realisieren der tatsächlichen Situation, sondern auch die Möglichkeit, darüber zu lachen. Lustige Anekdoten von anderen können dabei helfen, die Anspannung zu senken und nicht alles überzogen ernst zu nehmen.

Den Tagesablauf regeln – ohne Angst

Häufig reichen uns die 24 Stunden des Tages nicht aus, um alles zu erledigen, was wir uns vorgenommen haben. Da haben wir unsere Verpflichtungen im Beruf, in der Familie, im Haushalt, gegenüber Bekannten usw. Wir müssen bügeln, Kinder in den Kindergarten bringen, ein Vereinsfest organisieren. Und dann ist da noch das, was wir gern tun möchten, z. B. ins Theater gehen, Freunde zu einem Diaabend einladen oder mit der Modelleisenbahn spielen. Meinen wir, nicht alles zu schaffen, oder kriegen tatsächlich nicht alles hin, werden wir unruhig und hektisch, haben Angst zu versagen, bekommen ein schlechtes Gewissen und steigern uns darüber hinaus vielleicht sogar in eine Depression hinein.

Tagespläne helfen organisieren

Ein vorher festgelegter Tagesablauf hilft uns über die Angst hinweg, den Tag nicht bewältigen zu können. Am besten legen wir einen schriftlichen Tagesplan an und gehen dafür Schritt für Schritt vor:

- Welche Verpflichtungen müssen erfüllt werden? Und was wollen wir gern tun?
- Was davon soll und muß wann geschehen?
- Wieviel Zeit benötigen wir nach unserer Erfahrung wofür?

In einem solchen Zeitplan müssen auch Zeiten enthalten sein, in denen wir uns zwischendurch kleine Annehmlichkeiten gönnen: also Zeiten, in denen wir uns das erlauben, was uns oft unnütz ist und deshalb unter den Teppich gekehrt wird (Dinge wie nach dem Spülen die Hände eincremen, nach der Gartenarbeit etwas länger duschen, zwischen dem Erledigen von Besorgungen in der Eisdiele eine Pause machen, mit dem Kollegen über den letzten Bundesligaspieltag plaudern). Auch solche kleinen – wir können sagen – Belohnungen und dafür vorgesehene Zeiten müssen in dem Tagesplan stehen. Damit haben wir einen genauen Überblick.

> Das Leben besteht nicht nur aus Pflichten und dem strikten Einhalten von Zeitplänen. Wer nur auf diese doch sehr eingeengte Weise lebt, verzichtet auf viele kleine und große Annehmlichkeiten. Wer sich hin und wieder eine Auszeit oder ein Extra gönnt, ist entspannter und lebt angstfreier.

Flexibel sein mit Plan

Mit einem Tagesplan können wir Unvorhergesehenes auffangen (ein Arztbesuch mit dem kranken Kind; der Chef, dem immer plötzlich etwas Neues einfällt; Steckenbleiben im Stau; ein defektes Gerät usw.). Auch fällt uns zwischendurch noch dieses und jenes ein, was zusätzlich getan werden muß. Damit uns die zusätzlichen Einfälle über den Tag nicht wieder in Angst vor dem Versagen stürzen, sollten wir sie ständig in die Pläne einarbeiten.

Angst vor Entscheidungen

Eine Entscheidung treffen zu müssen ist für uns oft ein Greuel. Wir haben Angst davor. Das gilt nicht nur für Entscheidungen, die schwerwiegend sind und im Alltag oft nicht zu treffen sind (Soll ich nach der Heirat zu den Schwiegereltern ins Haus ziehen? Soll ich mich von meinem Partner trennen? Soll ich mir eine andere Arbeitsstelle suchen?).

Auch die vielen Entscheidungen, die zum Alltag gehören, zählen hierzu (Soll ich am Wochenende jemanden einladen? Soll ich noch einmal in das Geschäft gehen, um den so sympathischen Verkäufer wiederzutreffen? Soll ich das rote oder das schwarze Kleid zur Geburtstagsfeier anziehen? Soll ich heute abend die Steuererklärung erledigen?).

Ein gewisses Maß an Angst vor Entscheidungen ist ganz natürlich. Die Angst hat hier die Funktion eines Signals; sie läßt uns aufmerksam werden, daß wir uns zu unserem Vorteil, aber auch zu unserem Nachteil entscheiden können.

Und die Folgen?

Entscheidungen zu treffen ist nicht leicht, denn meist muß man dabei ganz bewußt einen Verzicht in Kauf nehmen, oder man zieht den Ärger anderer Menschen auf sich. Wer häufig Entscheidungssituationen ausgesetzt ist, hat hier jedoch die Chance, enorm an Selbstbewußtsein hinzuzugewinnen, da er seinen Standpunkt immer wieder aufs neue vertritt.

Bei alldem haben wir so manches Mal Angst, uns gerade für das Falsche zu entscheiden. Bei einer falschen Entscheidung könnten wir uns blamieren, von anderen belächelt oder schief angesehen werden, zuviel oder zuwenig arbeiten, mehr Geld als nötig ausgeben.

Angst haben wir auch davor, uns voreilig zu entscheiden. Wir wollen ja nicht in die Falle tappen und zu unserem Nachteil entscheiden. Die Gefahr ist jedoch, daß wir uns viel zu spät oder überhaupt nicht entscheiden und uns daraus tatsächlich Nachteile erwachsen. Wir quälen uns bis zu der Entscheidung, fühlen uns unwohl dabei, werden unsicher bis zur Handlungsunfähigkeit. Damit bekommen wir aber auch Angst vor künftig zu treffenden Entscheidungen.

Sich zu entscheiden ist für viele Menschen ein Balanceakt. Wenn Sie hingegen alle Punkte genau abwägen, werden Sie für sich den einen Weg finden und auch den Mut haben, diesen zu gehen.

Wieviel Angst dürfen Entscheidungen machen?

Die Angst vor Entscheidungen ist sinnvoll und weist uns darauf hin, daß wir etwas für uns Nachteiliges tun könnten. Viele Entscheidungen sind so wichtig, daß sie unser Leben von Grund auf verändern oder zumindest stark beeinflussen. Auffällig wird die Angst erst, wenn wir beginnen, unter der Auswahl an Möglichkeiten zu leiden. Wir handeln dann häufig verunsichert.

● Wir schieben die Entscheidung zu lange auf
● Wir ertragen unnötig die damit verbundenen Qualen (das, was bei einer zu langsamen Entscheidung angst macht)
● Wir legen uns zu schnell auf eine Entscheidungsmöglichkeit fest und nehmen deshalb unnötige Nachteile in Kauf
● Wir lassen andere für uns entscheiden

Spontane Entscheidungen, die aus einer Grundstimmung heraus getroffen werden, können manchmal besser sein als ein langwieriges Hin und Her. Denn je länger man braucht, um sich zu entscheiden, desto mehr wachsen die eigene Unsicherheit und die Angst, doch das Falsche zu wählen. Diese Entscheidungsart ist jedoch abhängig vom Thema, von der Situation und Ihrer individuellen Art.

47

Bei der Wahl zwischen zwei Möglichkeiten sollte man immer das eigene Wohl und Wehe im Auge behalten. Wer sich bei einer Entscheidung (z. B. des Wohnorts) zu sehr nach den Bedürfnissen anderer richtet, zieht unter Umständen den kürzeren. Und rückgängig gemacht werden können grundlegende Entscheidungen nur selten.

Aufgeschoben ist nicht aufgehoben

Im Moment sind all diese Wege gut für uns; wir sind erleichtert, von der Entscheidungsqual befreit und können uns wieder auf anderes konzentrieren. Oftmals stellen wir schon bald fest, daß wir uns doch für das Falsche entschieden haben – die entstandenen Nachteile sind zu groß, Vorteile sind uns entgangen, wir fühlen uns von anderen abhängig, haben den Eindruck, etwas aufgedrückt bekommen zu haben, was uns nicht so recht gefällt, zweifeln an uns selbst, ärgern uns, machen uns Vorwürfe. Wir halten uns für unfähig.

Entscheiden – ohne große Angst

Wie können wir nun der zu großen Angst entgehen? Denn Entscheidungen lassen sich nun mal nicht abschaffen! Zunächst müssen wir überlegen, was wir eigentlich wollen oder gern hätten. Was z. B. ist für uns ein angenehmer Urlaub, ein geeigneter Arbeitsplatz, eine passende Wohnung?

Selbstsicher Entscheidungen fällen

Menschen, die sich ihrer selbst unsicher sind, treffen schwerer Entscheidungen als selbstbewußte Menschen.

Wer nach seiner Entscheidung davon überzeugt ist, im Moment der Entscheidung nach bestem Wissen und Gewissen gehandelt zu haben, dem fällt es später auch leichter, Fehler einzugestehen. Er hatte bestimmte Informationen zum Zeitpunkt der Entscheidung noch nicht, war nicht ausgeschlafen oder hatte in dem Augenblick ein anderes Ziel vor Augen. Er ist sich aber darüber im klaren, daß er zu dem früheren Zeitpunkt nicht anders hätte entscheiden können. Er kann seine Fehlentscheidung annehmen, weil er sich selbst akzeptiert.

Schreiben wir unsere Antworten auf, so ergibt sich eine konkrete Beschreibung dessen, was wir uns wünschen. Aus den Vorstellungen werden die Vor- und Nachteile ersichtlich: der neue oder der alte Arbeitsplatz, am Geburtstag einen Imbiß oder ein Menü mit fünf Gängen usw. Auch das sollten wir schriftlich festhalten. So entsteht ganz nebenbei eine Art Stoffsammlung, die zuerst völlig ungeordnet sein kann.

Was auf dem Papier steht, entlastet den Kopf

Bevor wir mit der Stoffsammlung beginnen, sollte ein Zeitpunkt festgelegt werden, zu dem wir das Sammeln von Vor- und Nachteilen abschließen wollen. Das können Tage, aber auch Monate sein – je nachdem, wann der Termin für die Entscheidung fällig ist.

Im nächsten Schritt ist es notwendig, die Vor- und Nachteile gegeneinander abzuwägen. Auch das sollte nicht im Kopf geschehen – dort kann Verwirrung entstehen, die uns nur unruhig werden läßt. Leichter ist es, wenn wir Vorteile und Nachteile einer möglichen Entscheidung auf einem Zettel in Spalten nebeneinander eintragen. Und dasselbe können wir für jede Entscheidung tun, die uns einfällt.

Nun können aber verschiedene Vorteile oder Nachteile einer Entscheidungsmöglichkeit auch unterschiedlich wichtig sein. Auch das müssen wir noch beachten. Das können wir tun, indem wir allen festgehaltenen Punkten eine Zahl von 1 bis 100 zuordnen; dabei bekommt der wichtigste Punkt die Zahl 100, der unwichtigste die Zahl 1, und alle anderen Zahlen liegen dazwischen. Haben wir nun all das überlegt und mehr oder weniger fein säuberlich auf unseren Blättern festgehalten, wird oftmals auf den ersten Blick deutlich, welche Entscheidungsmöglichkeit wir wählen sollten – nämlich die mit den meisten und wichtigsten Vorteilen und den wenigsten und unwichtigsten Nachteilen.

Prioritäten setzen will gelernt sein. Hilfreich dabei ist eine Stoffsammlung, die sich um ein bestimmtes Thema rankt, das jetzt oder in nächster Zeit von Wichtigkeit ist. Jeder einzelne hier aufgeführte Punkt wird dann mit all seinen Vor- und Nachteilen diskutiert und mit einer Note zwischen 1 und 100 versehen. Sie sehen dann auf einen Blick, welche Dinge (die mit den höchsten Werten) am wichtigsten für Sie sind.

Entscheidung nach Häufigkeit

Eine andere Möglichkeit, sich Entscheidungen zu erleichtern, soll im folgenden beschrieben werden.

Viele Menschen wissen intuitiv, wann der richtige Zeitpunkt für eine Entscheidung gekommen ist. Wer hingegen unsicher ist und zu Ängstlichkeit neigt, verschleppt aus Furcht vor Fehlentscheidungen häufig den richtigen Termin. Auch hier hilft es, jeden Schritt, der bis zur Entscheidung führt, auf dem Papier festzuhalten.

Wieder nehmen wir uns einen Zettel vor. Den Zettel unterteilen wir durch senkrechte Striche in so viele Spalten, wie wir Entscheidungsmöglichkeiten haben. Dieses Blatt sollten wir ständig bei uns haben. Die Phase der Überlegung von Vor- und Nachteilen liegt hinter uns; jetzt ist unser momentanes Gefühl gefragt. Wir setzen uns einen Zeitpunkt, zu dem wir endgültig Klarheit in der Entscheidung haben wollen. In dem Zeitraum bis dahin fragen wir uns immer wieder – das kann beispielsweise einmal in der Stunde sein –: Wie würde ich mich jetzt entscheiden? Jedesmal machen wir dann bei der Entscheidungsmöglichkeit einen Strich, die wir in diesem Moment gewählt haben. Ist die Zeit abgelaufen, die wir uns hierfür gegeben haben, zählen wir die Striche in jeder Spalte und entscheiden uns jetzt endgültig für die Möglichkeit mit den meisten Strichen.

Es mag Ihnen lästig erscheinen, so etwas aufzuschreiben. Die Erfahrung zeigt aber, daß ein solches Vorgehen viele Vorteile hat: All die einander widersprechenden Überlegungen, die uns im Kopf herumschwirren und dort nur Chaos verursachen, haben wir klar gegliedert vor Augen. Das Resultat: Der Kopf ist dadurch frei für abwägende Überlegungen. Diese Vorgehensweise bewirkt, daß unüberlegte und voreilig getroffene Entscheidungen, z. B. aus Zeitnot oder Strukturlosigkeit im Kopf, weitaus seltener vorkommen.

Entscheidungen, auf die wir keinen Einfluß haben

Es gibt natürlich auch Entscheidungen, die wir – obwohl wir möchten – nicht selbst treffen können. Wenn z. B. der Vermieter kündigt, sich der Partner von uns trennt oder die Steuern erhöht werden, so sind dies tatsächlich Entwicklungen, auf die wir keinen oder nur geringen Einfluß haben. Solche möglichen »Schicksalsentscheidungen« bringen eine andere, spezielle Angst mit sich: von anderen bestimmt zu werden, von ihnen abhängig zu sein, etwas für uns Wichtiges zu verlieren und dafür Unerwünschtes zu bekommen.

Andere entscheiden lassen

Einige Bestimmungen oder Entwicklungen in unserer Umgebung müssen wir sicher nicht klaglos hinnehmen. Wir können und sollen versuchen, uns damit zu konfrontieren, mit dem Partner oder dem Chef ein klärendes Gespräch zu führen oder uns nach unseren rechtlichen Möglichkeiten zu erkundigen.

Es gibt aber Dinge, die wir so hinnehmen müssen, wie es entschieden wurde. Darüber dürfen wir nicht verzweifeln. Denn wenn wir die Gelegenheiten, die uns zum Selbstentscheiden geboten werden, sinnvoll nutzen, können wir uns auch leichter einmal einer Entscheidung durch Fremde fügen.

Wenn andere für einen selbst die Entscheidung treffen, ist das noch lange kein Grund, Angst vor Fremdbestimmung zu bekommen. Machen Sie in einem solchen Fall erst einmal Ihrem Ärger darüber Luft, und überlegen Sie sich dann, wie Sie beim nächsten Mal in einer ähnlichen Situation selbst die Entscheidung übernehmen können.

So können Sie sich wehren

1. Zuallererst prüfen, ob die Entscheidung tatsächlich so hingenommen werden muß (nicht jede Wohnungskündigung ist beispielsweise berechtigt)

2. Feststellen, ob alle auf den ersten Blick unumgänglichen Nachteile in Kauf genommen werden müssen (Gründe ausfindig machen, warum ausgerechnet Sie z. B. die Steuererhöhung betrifft)

3. Nach Ersatz für den Verlust oder den Nachteil suchen (z. B. mehr Geborgenheit bei einem anderen Partner)

Was erwartet uns nach der nächsten Biegung? Wohin führt der Weg? Ungewißheit kann Ängste auslösen.

Angst kann ein Teufelskreis sein. Gleichzeitig blockiert man sich in seiner persönlichen Entwicklung, weil man nicht mehr bereit ist, eine seiner Ängste zu analysieren. Ein klärendes Gespräch mit einem Freund oder, wenn man ganz sicher gehen will, mit einem Therapeuten kann einen dabei unterstützen.

Schlimme Befürchtungen und Phobien

Das Dilemma mit der Angst

Wie kommt es, daß wir oft das Schlimmste befürchten? Daß wir, gemessen an realen Gefahren, zu viele Ängste haben? Unsere Welt ist zugegebenermaßen voller Gefahren. Denken wir nur an den Verkehr in den Städten, die Umweltverschmutzung, Lebensmittelskandale, Naturkatastrophen und schwere Erkrankungen wie Krebs oder Aids!

Die Medien tragen ihren Teil dazu bei: Eine objektive, sachliche Berichterstattung gibt es eher selten – der Bedarf danach ist auch kaum vorhanden. Denn was dem Menschen eigen ist, ist der Kitzel des Spektakulären, des Abenteuerlichen und Gefährlichen. Daß wiederum Gefahrensituationen als Sujet die Auflagenzahlen von Zeitschriften und die Zuschauerzahlen von Fernsehreportagen steigern, ist zwar vielen Menschen bewußt, findet jedoch dennoch beim Lesen eines solchen Artikels oder beim Ansehen einer Nachrichtensendung kaum Beachtung.

Der Unterschied zwischen Vorstellung und Erlebtem

Wenn sich nun unsere Angst auf etwas bezieht, was wir gar nicht erlebt haben, sondern was wir uns lediglich vorstellen oder ausdenken, wird es zu einer Befürchtung, schlimmstenfalls zu einer Phobie.

Die Phobie tritt immer automatisch auf, wenn wir uns eine bestimmte Situation vorstellen, in die wir einmal geraten könnten (z. B. Agoraphobie, wenn wir einen Platz überqueren sollten, Klaustrophobie in geschlossenen Räumen). Können wir die vorgestellte Situation mit einem wirklichen Erlebnis verbinden (z. B. ein bösartiger Hund, der uns oder unser Kind einmal angefallen hat), dann spricht man nicht von Phobie. Was wir bei einer Phobie mit Angst verknüpfen, ist nämlich nicht wirklich Erlebtem entsprungen. Wir haben nur eine übergenaue Vorstellung von dem, was uns erwarten könnte – und werden von panischer Angst ergriffen!

Während eines akuten Angstzustandes ist es kaum mehr möglich, klar zu denken. Man verliert völlig den Überblick über die Lage, in der man sich befindet, und darüber hinaus sein logisches Denkvermögen. Auch das gesamte Wahrnehmungsfeld ist plötzlich eingeschränkt. In der Psychologie nennt man dies Angsttunnel.

Biochemische Prozesse im Körper

Bei der Vorstellung einer Situation entwickeln sich im Menschen Kräfte (Einbildungskraft), die den Körper auf das zu Erwartende einstimmen.

Aus der Psychologie wissen wir heute, daß der Geist den Körper beeinflußt. Betroffen sind neben dem Nervensystem auch das Hormon- und Immunsystem.

Der Körper stellt sich auf »Aktivität« ein: Die Muskeln, der Blutkreislauf, die Sinne werden in Alarmbereitschaft versetzt – ob Gefahr droht oder lediglich vorgestellt ist, bleibt dabei unwichtig.

Merkmale von Angststörungen

Die körperliche Verfassung bei einem Angstanfall ist ein wichtiger Aspekt, der uns stört, beunruhigt, ja beängstigen kann. Wir reagieren aus der Vorstellung einer Angstsituation heraus bereits mit den für eine normale, spontane Angst typischen Erscheinungen wie Herzklopfen, Schweißausbrüchen, Zittern, Magenkrämpfen, Augenflimmern, Stottern usw.

Menschen, die häufig unter Angstzuständen leiden, reagieren extrem, sobald sie unter Streß stehen. Durch die Überreaktionen des Körpers können sich jedoch langfristig Beschwerden wie Hautkrankheiten, Asthma oder Potenzstörungen einstellen. Besonders wichtig ist es hier, hektische Situationen zu vermeiden und sich über den Tag verteilt Ruhephasen zu gönnen.

Zu einer Phobie oder einer phobischen Angst gehört außerdem:

● Daß sie sehr häufig und lang anhaltend auftritt
● Daß sie größer ist als bei sonstigen Ängsten, die wir kennen
● Daß wir unbedingt der Situation aus dem Weg gehen (in Ausreden werden wir phantasievoll)
● Daß wir unter den selbstauferlegten Einschränkungen leiden (keinen Aufzug benutzen, Umwege gehen)
● Daß unser Leben dadurch stark eingeschränkt wird

Ein Gespräch mit dem Arzt

Müssen Sie die oben genannten Merkmale überwiegend mit Ja beantworten, so sollten Sie versuchen, auch mit einem Arzt darüber zu sprechen, denn solche Angststörungen sollten ernst genommen werden.

Angstbehandlung durch den Psychotherapeuten

Es gibt viele Möglichkeiten, wie uns geholfen werden kann, wenn wir uns selbst nicht mehr helfen können. Eine sehr erfolgreiche und weitverbreitete Methode ist die Verhaltenstherapie. Sie wird von Ärzten mit der Zusatzbezeichnung »Psychotherapie«, von Psychotherapeuten, Diplompsychologen oder Psychiatern durchgeführt. Die Krankenkassen übernehmen die Behandlungskosten.

In der Therapie stehen Gespräche im Mittelpunkt. Es wird immer versucht herauszufinden, was die Phobie ausgelöst hat. Durch Rollenspiele, Sich-in-die-Angst-Steigern und gedankliche und praktische Übungen (Spinnenbilder ansehen bei Spinnenphobie, in Aufzüge steigen bei Klaustrophobie usw.) soll schließlich die Angst bewältigt werden, und wir sollen lernen, besser mit ihr umzugehen.

Angst vor Tieren

Das Schlimmste befürchten

Bei schlimmen Befürchtungen stellen wir uns in unserem Kopf etwas vor, was wir so weder erlebt noch je gesehen haben müssen. Wir denken nur, daß etwas Schlimmes passieren könnte. Man nennt das auch eine negative Erwartungsvorstellung. Wir haben eine bestimmte Vorstellung von etwas Zukünftigem, was geschehen könnte, und das ist beängstigend. Im Gegensatz dazu ist eine positive Erwartungsvorstellung etwas Gutes, Schönes. Es ist eine Hoffnung.

Bei der Begegnung mit Tieren das Schlimmste befürchten

Angst vor Tieren kann man aus den unterschiedlichsten Gründen haben. Sie stellt sich z. B. ein, wenn ein Tier in der Lage ist, uns zu verletzen oder gar zu töten (z. B. eine Löwin, ein Tiger usw.). Es kann uns aber auch Schaden zufügen, obwohl es von seiner Größe und Stärke her keine Angst auslöst, nämlich indem es Nahrungsmittel vernichtet, Bauwerke oder Dämme zerstört, die Wohnungseinrichtung beschädigt oder das Hausdach zum Einsturz bringt.

Ängste, die mit Tieren assoziiert werden, sind vielfältig: mörderische Gefahr, enorme Kraft, Hinterhältigkeit, ständiger Infektionsherd oder eine starke Triebstruktur. Vergessen wird dabei oftmals, daß Tiere nicht verstandesmäßig handeln und nicht von sich aus böse sind. So wird ein Tier auch niemals grundlos angreifen.

Wieviel Angst ist normal, was ist zuviel?

Was nützt die Angst vor Tieren? Auch diese Angst hat die Funktion, uns vor Verlust, Krankheit oder Schaden zu bewahren.
Die Angst sorgt dafür, daß wir uns wilden Tieren vorsichtig oder gar nicht nähern; daß wir süße Getränke im Sommer, besonders draußen, nicht offen herumstehen lassen, auf Wespen achten, während wir den Pflaumenkuchen verspeisen;

daß wir unsere Hände nicht durch die Gitter von Tigerkäfigen stecken; daß wir brütende Tiere und solche mit Jungen aus der Ferne betrachten und uns vorsichtig verhalten. Auffällig oder gar krankhaft ist die Angst vor Tieren aber dann, wenn wir z. B.:

- Andauernd daran denken, daß wir einem Tier begegnen könnten (welchem auch immer)
- Uns, ohne Angst zu haben, keine Fotografien oder Zeichnungen ansehen können
- Ohne Angst keine künstlich nachgebildeten Tiere ansehen und anfassen können
- Uns nicht ohne Angst irgendwo aufhalten können, wo Tiere sind, bzw. solche Orte meiden (Wald, Badesee, Feld, Bergwiese, auch Kaufhaus, Metzger- oder Bäckerladen)
- Um Höfe und Gartentore einen großen Bogen machen (es könnte sich ein Hund dahinter verbergen)
- Verwandte, Freunde und Bekannte wegen ihrer Tiere nicht mehr besuchen oder einladen
- Uns wegen der Insekten im Sommer nicht mehr auf dem Balkon oder im Garten aufhalten, wegen dieser Tierchen Gartenlokale meiden und um Papierkörbe an Bushaltestellen oder in Parks einen weiten Bogen machen
- Uns nicht mehr in den Keller, auf den Dachboden, in die Scheune oder den Stall trauen
- Insekten nicht selbst aus der Wohnung vertreiben können
- Bei jedem Tier, das uns streift, denken, daß wir eine schlimme Krankheit bekommen

Das kann so weit gehen, daß wir aufgrund unserer Angst vor Tieren den Beruf oder die Ausbildung aufgeben – der Briefträger wegen seiner Angst vor Hunden, der Biologiestudent wegen seiner Angst vor Spinnen – oder unsere sozialen Kontakte weitgehend einschränken müssen.

Tiere in freier Wildbahn sind keine Schoß- und Streicheltiere, Haustiere hingegen schon. Wer lernen möchte, seine Angst vor Hunden oder Katzen zu überwinden, sollte sich mit dem Tier eines Bekannten anfreunden und nach und nach versuchen, mit ihm Freundschaft zu schließen.

Wie kann man die Angst vor Tieren und Untieren verringern?

Begünstigt wird eine übergroße Angst vor Tieren durch Unwissen oder falsche Informationen bezüglich ihrer Lebensweise, und das nicht nur bei solchen Tieren, die uns im Zoo, im Fernsehen, auf Bildern oder im Zirkus begegnen. Das gilt auch für die Tiere, die mit uns leben. Wissen wir denn genau, in welchen Situationen ein Hund knurrt oder bellt? Wann eine Katze kratzt und faucht oder die Motte so aufgeregt im Zimmer umherflattert?

Ekelgefühle, die von umherschwirrenden Insekten oder von Reptilien ausgelöst werden, bedürfen einer genauen Analyse. Beim Aufschlüsseln dieser Angstbilder, die manchmal auch im Traum auftauchen, ist eine psychotherapeutische Sitzung von Nutzen.

Informationen sammeln

Wir sollten uns über die Tiere, vor denen wir Angst haben, gut informieren. So können wir die Bedrohung durch sie realistischer einschätzen. Wir sollten erfahren, warum sie so aussehen und wie sie sich wann verhalten. Eine zutreffendere Einschätzung der Bedrohung ist auch dadurch möglich, daß wir lernen, wie wir mit ihnen umgehen sollten, damit wir friedlich mit ihnen leben können (Tieren in der Brutzeit und während der Aufzucht von Jungen nicht zu nahe kommen; vor Hunden nicht schnell davonlaufen, wenn wir nicht wollen, daß sie uns verfolgen).

Tiere wollen nichts Böses

Angst vor Tieren kann nicht spontan in Zutrauen umgewandelt werden. Die Verhaltenstherapie setzt sich zum Ziel, Angstbilder durch langsame Gewöhnung daran zu entschärfen und ihnen dadurch den Schrecken zu nehmen.

Zugleich können wir so geeignetes Bewältigungsverhalten aufbauen. Mit dem Sammeln von Informationen können wir anfangen, indem wir uns Tierbücher und Tierfilme ansehen oder uns Informationssendungen im Rundfunk anhören. Dabei kann ja nun ganz sicher nichts passieren, obwohl wir auch dabei vielleicht schon Angst haben. Schwerer, aber zur Minderung der Angst wirksam ist es meist, Informationen zu sammeln, indem wir tierkundige Mitmenschen im Umgang mit Tieren beobachten und uns von ihnen sozusagen am lebenden Objekt erklären lassen, was uns unheimlich ist.

Tierphobien heilen

In der Verhaltenstherapie beginnt man zunächst damit, über seine Angst vor Tieren zu sprechen, bei welchem Tier sie auftritt, wie stark und wie häufig sie ist.

Beim Vorstellen der Angstreize beginnt man mit einem Gedanken, der einen schwachen Angstreiz auslöst und diesen allmählich steigert bis zu starken Angstreizen.

Nicht nur mittels Vorstellung werden solche Angsthierarchien durchlaufen, sondern auch an Objekten. So betrachtet man zunächst Tierbilder, danach Attrappen, schließlich die echten Tiere. Dadurch soll eine Gewöhnung einsetzen, die die Angst vor dem Tier vermindert.

Sich Tierbegegnungen vorstellen

Sind wir nun bestens informiert, können wir uns die Begegnung mit dem gefürchteten Tier schon eher vorstellen. Dabei sollten wir uns überlegen, was gefährlich sein könnte, wodurch wir Schaden nehmen könnten und was wir dann tun müssen. Wichtig ist auch hier wieder, daß wir nicht zu allgemein, sondern konkret denken! Mit mehr Informationen kommen wir dann meist zu dem Schluß, daß wir der Gefahr doch nicht ganz so hilflos ausgeliefert sind.

Tierbegegnungen realisieren

Wollen wir unsere übergroße Tierangst abbauen, dürfen wir die tatsächliche Begegnung mit dem gefürchteten Tier nicht umgehen. Auch das kann schrittweise geschehen.

Zunächst können wir uns Bilder ansehen und uns mit nachgebildeten Tieren beschäftigen. Der Abschluß sollte, wenn möglich, die Begegnung mit einem echten Tier sein. Zuerst können wir einen kleinen ruhigen Hund an der Leine ansehen und anschließend einen großen und lebendigen an der Leine. Dann probieren wir das Ganze mal ohne Leine aus. Später folgt das Streicheln, das zunächst in Anwesenheit des Herrchens oder Frauchens, danach ganz allein gewagt wird. Vielleicht müssen wir dann bald nicht mehr die Straßenseite wechseln, wenn wir an dem Gartentor vorbeikommen, hinter dem es laut bellt.

Klar ist natürlich, daß wir bei einem solchen Vorgehen tatsächliche Gefahren nicht außer acht lassen dürfen, aber eben nur die realen Gefahren. Wichtig ist bei der Begegnung mit dem gefürchteten Tier, daß wir so lange aushalten, bis die Angst weniger geworden ist. Nur so lernen wir etwas Neues, nämlich, daß die Angst auch dann weniger wird, wenn wir nicht weglaufen oder das Zusammentreffen vermeiden.

Wer seine Grundangst vor Tieren bereits überwunden hat und bereit ist, sich ihnen weiter anzunähern, ist mit einem Streichelzoo im Tierpark gut beraten. Hier lernen bereits Kinder, mit Hilfe von Tierbabys ihre Scheu zu überwinden. Auch Erwachsene, die an Berührungsängsten leiden, können hiervon profitieren.

Angst vor Natur und Umwelt

Viele von uns fürchten sich vor Gewitter, obwohl sie der realen Situation eines Blitzschlages noch nie ausgesetzt gewesen sind. Es gibt genügend Horrorgeschichten von Blitz und Donner, die immer wieder erzählt werden, so daß wir uns mit einem Schauern schlimme Szenarien ausdenken, in die wir hineingeraten könnten. Urgewalten haben etwas Übermächtiges an sich, und wir stehen zumeist machtlos dem Naturspektakel gegenüber!

Die Unberechenbarkeit der Natur

Die Angst vor Natur- und Umweltkatastrophen ist das große Geschäft der Versicherungen. Eine Feuerschutzversicherung garantiert zwar Ersatz im Schadensfall. Die Angst vor einer Feuersbrunst vermag sie jedoch nicht zu mindern.

Besonders große Angst haben wir vor dem, was wir nicht beeinflussen können, das über uns hereinbricht. Aber unsere Ängste veranlassen uns, Schäden, ob nun an uns selbst, anderen Menschen oder unserem Hab und Gut, vorzubeugen. In der Winterzeit ziehen wir Winterreifen auf unsere Autos. An Küsten und Flüssen bauen wir Dämme. Unsere Dächer decken wir wetterfest, wir achten auf Warnhinweise (»Lawinengefahr«, »Schneeketten erforderlich« usw.), lassen unseren Blick zum Himmel schweifen, um Wetteränderungen rechtzeitig festzustellen, und versuchen uns sogar durch Versicherungen vor großem Unglück zu bewahren.

So hilft uns auch die Angst vor Gewittern. Sie veranlaßt uns, Blitzableiter auf Häusern zu installieren, geschützte Orte aufzusuchen, wenn wir uns im Freien aufhalten, und den Aufenthalt im oder am Wasser zu meiden.

Angst vor der Dunkelheit

Manche Ängste scheinen uns tatsächlich bereits angeboren oder sehr früh angelernt zu sein. Die meisten Kinder haben Angst davor, im Dunkeln einzuschlafen.

Diese Angst kann uns später eine große Hilfe sein, sofern wir richtig mit ihr umzugehen wissen. Sie veranlaßt uns, Häuser und Wohnungen von Einbrechern zu schützen, uns in der Dunkelheit vor einsamen Orten fernzuhalten, uns im Dunkeln vorsichtig zu bewegen oder für gute Beleuchtung zu sorgen, damit wir uns nicht stoßen und verletzen.

Angst vor Schadstoffen und Bakterien

Durch Umweltkatastrophen und immer neue Meldungen über gesundheitszerstörende Nahrung, Verminderung der Ozonschicht, Seuchen oder große Chemieunfälle mit unbekannten Folgen werden wir in der heutigen Industriegesellschaft immer sensibler, verunsichert und ängstlich.
Oft wissen wir kaum noch, was wir essen und trinken. In Teppichen, Farben, Möbeln, Stoffen und Reinigungsmitteln sind Schadstoffe enthalten. Und wer versteht schon immer die Begriffe auf den Packungsaufschriften? Und wer weiß, ob da auch wirklich immer alles draufsteht?

Als lebensbedrohend empfinden manche Menschen die Umweltverschmutzung durch die Industrie. Denn viele unserer Nahrungsmittel sind davon mitbetroffen. Hier sei der Umstieg auf ökologisch angebaute Lebensmittel empfohlen, deren Schadstoffgehalt geringer ist als bei traditioneller Anbauweise. Der Verzehr gesünderer Nahrung hilft auch, die Angst vor der »krank machenden Natur« zu mindern.

Unsere fortgeschrittene Technik birgt nicht nur einen Segen für die Menschheit. Viele Krankheiten dieses Jahrhunderts lassen sich auf schädliche Umwelteinflüsse zurückführen. Dennoch: Kein Grund zur Panik. Mit Wissen kann man viele Dinge schon vorher vermeiden.

Angst vor den Spätfolgen

Manche Mütter neigen dazu, mit ihren Kindern übervorsichtig umzugehen und sie mit größtmöglicher Sauberkeit vor Bakterien und Viren zu schützen. Nur tun sie damit dem Immunsystem ihrer Kleinen keinen Gefallen. Denn Überängstlichkeit kann hier wegen mangelnder Abhärtung einer Überempfindlichkeit gegenüber Schadstoffen Vorschub leisten.

Angst kann der Mensch auch vor den möglichen Auswirkungen auftretender Schäden haben.

So haben viele Menschen Angst vor den Folgen einer Krankheit, eines Unfalls, einer Zusammenkunft etc. Die eigentliche Krankheit oder die Situation wird gemeistert – aber was kommt dann? Auch hier entstehen Momente, die von uns Entscheidungen und Verhaltensmaßnahmen fordern.

Häufig noch stärker als die Angst um die eigene Gesundheit ist die Angst davor, anderen Schaden zuzufügen: beim Zubereiten von Mahlzeiten unsaubere Hände zu haben, verdorbene Nahrungsmittel anzubieten, Schädliches vor Kindern nicht sicher genug aufzubewahren.

Und auf die Angst vor Schäden folgt die Angst, zu versagen, sich oder Angehörige unwissend krank gemacht zu haben, abgelehnt zu werden oder in Schuldgefühlen zu versinken.

Ökophobie – die Angst vor Umweltkrankheiten

In unserem auslaufenden 20. Jahrhundert treten immer häufiger Ängste im Zusammenhang mit der Umwelt auf. Viele Menschen haben so starke Angst vor einer Vergiftung durch schlechte Nahrungsmittel, Schadstoffe in der Wohnung oder Autoabgase, daß sie daran ernsthaft erkranken.

Es gibt verschiedene Behandlungsmethoden, je nachdem, ob körperliche Veränderungen (bis hin zu realen Vergiftungserscheinungen) oder z. B. psychische Belastungen vorliegen. Man kann versuchen:

- Das Immunsystem zu stärken
- Seine Ernährung umzustellen
- Bewegungs- oder Entspannungstraining durchzuführen
- In einer Psychotherapie zu lernen, die Angst zu bewältigen

Angst im Übermaß

Unsere Ängste zeigen uns an, daß wir etwas tun müssen, um Schäden durch Umwelt- oder Naturereignisse vorzubeugen. Dennoch können wir von dieser für unser Leben und die Erhaltung der Gesundheit wichtigen Angst auch zuviel haben. Beispiele dafür sind:

● Wenn wir beginnen, sinnvolle Vorsichtsmaßnahmen zu übertreiben, sie durchzuführen, obwohl keine Gefahr besteht oder sie, gemessen an der bestehenden Gefahr, unnötig sind (überflüssiges Händewaschen bzw. die Verwendung von Desinfektionsmitteln aus Angst vor Keimen; uns bei Gewitter im Haus nicht von der Stelle rühren und keine elektrischen Geräte anfassen)

● Wenn wir unruhig werden, weil wir unsere Vorsichtsmaßnahmen nicht ausführen können (weil keine Zeit bleibt, jemand dabei ist und wir uns vor ihm nicht blamieren wollen, keine Seife zum Händewaschen usw.)

● Wenn wir in Panik geraten, weil wir, obwohl die Situation real ungefährlich ist, keine Möglichkeit haben, Vorsichtsmaßnahmen zu ergreifen (zu Hause angekommen, sofort die Kleidung wechseln können; wenn wir Besuch haben, das Sofa mit einer Decke vor Keimen schützen; sofort nach dem Anfassen einer Türklinke die Hände waschen)

● Wenn wir vermeiden, mit etwas in Berührung zu kommen, was nicht oder nur geringfügig gefährlich ist (nichts essen, was wir nicht selbst zubereitet haben; keine öffentliche Toilette benutzen, auch wenn es noch so dringend ist; Zeitschriften oder Stühle in Arztpraxen nicht berühren)

● Wenn wir andauernd tatsächliche oder vermeintliche Gefahren in Betracht ziehen (bei Regen an Überschwemmungen denken; bei Dunkelheit im Haus auf mögliche Geräusche eines Einbrechers lauschen)

Wichtig ist es, beim Einschätzen der Schädigungen durch Natur und Umwelt das richtige Maß zu bewahren. Wer beispielsweise lernt, seine hygienischen Maßnahmen im Rahmen zu halten und nicht ständig zu Desinfektionsmitteln zu greifen, wird gelassener und stärkt damit auch sein körpereigenes Abwehrsystem gegen mögliche Erkrankungen.

Das kann so weit gehen, daß wir unseren Beruf oder unsere Freizeitbeschäftigungen aufgeben, das Haus nicht mehr verlassen, keinen Besuch mehr einladen, Alltägliches nicht mehr allein erledigen können.

Aufklärung über Gefahren

Eine wichtige Ursache übergroßer Angst vor Naturereignissen, vor Dunkelheit, aber auch vor Schäden durch die Umwelt liegt darin, daß wir zuwenig über sie wissen. Daher sollten wir uns informieren. Dazu gehört, daß wir versuchen zu verstehen, wie Gewitter, Stürme und andere Launen der Natur zustande kommen. Wir können uns erkundigen, woran wir verdorbene Lebensmittel erkennen können und wie Schadstoffe an Obst und Gemüse beseitigt werden. Entsprechende Informationen finden wir in allgemeinverständlichen Sachbüchern, in entsprechenden Zeitungsberichten, in Rundfunk- und Fernsehsendungen oder bei Verbraucherberatungsstellen.

Wir leben in einer Zeit, in der die Forschung immer raschere Fortschritte macht. Das hat zur Folge, daß nicht nur neue Mittel gegen Krankheiten gefunden werden, sondern auch bisher unbekannte angsterregende Viren und Schadstoffe, die uns belasten können. Um keine neuen Ängste daraus erwachsen zu lassen, machen Sie sich klar, wie diese Viren übertragen werden, wo sie am häufigsten vorkommen und wie groß die Gefahr für Sie persönlich ist, sich damit anzustecken.

Katastrophen richtig begegnen

- Informationen sammeln

- Gefahr realistisch einschätzen, vernünftige Vorsichtsmaßnahmen treffen

- Konkret denken, nicht zu allgemein; dabei helfen gezielte Fragestellungen

- Sich die Gefahr vorstellen

- Situation beobachten

- Angstsituation nach ausreichender Vorbereitung bewußt durchleben

Gefahren nicht überschätzen

Überlegen sollten wir, welche Ereignisse in unserer Umgebung möglich, denkbar oder weitgehend ausgeschlossen sind und welche konkreten Folgen diese Ereignisse für uns haben. So können wir leichter einschätzen, ob unserer Angst eine reale Gefahr zugrunde liegt und ob die Stärke unserer Angst der Gefahr angemessen ist.

- Hierzulande kommen z. B. schwere Erdbeben und große Hitze sehr selten vor. Manche Ereignisse sind in bestimmten Gegenden unseres Landes hingegen häufiger als in anderen: Sturmfluten an der Küste, Überschwemmungen in Flußtälern und Lawinen im Gebirge.
- Dunkelheit, Gewitter, plötzliche Wintereinbrüche und schwere Stürme sind in unseren Breiten dagegen üblich.
- Andererseits: Welchen Grund gibt es, daß sich ein Einbrecher ausgerechnet unser Haus aussucht?

Vernünftige Vorsichtsmaßnahmen

Prüfen sollten wir, ob wir alle notwendigen Vorsichtsmaßnahmen in geeigneter Form einhalten (Flaschen mit giftigem Inhalt vor Kindern sicher aufbewahren; dort, wo Rattengift ausgelegt ist, Warnhinweise anbringen; abends die Haustür schließen; bei Gewitter nicht spazierengehen). Das kann helfen, die Angst abzubauen.

Fragen nach Einzelheiten stellen

Es ist notwendig, daß wir allgemeine Gedanken über das, was uns ängstigt, konkretisieren. Keinesfalls sollten wir sie verdrängen, indem wir sagen: Es wird schon nicht so schlimm sein! Nicht daran denken! Mich betrifft das alles nicht!

Starke Witterungsveränderungen sind hierzulande oft jahreszeitlich bedingt und somit berechenbar. Dazu gehören auch Gewitter, die meist während großer Hitzeperioden entstehen. Wer Angst vor Blitz und Donner hat, sollte sich daher schon beim Nahen der dunklen Wolken ins Innere eines Hauses begeben, das ihm Sicherheit bietet.

Und anstatt zu befürchten, daß wir uns vergiften könnten, wenn wir den Müllbeutel zum Container bringen und anschließend wieder einen Kochtopf anfassen, fragen wir im einzelnen genauer nach:

- Wo fasse ich einen Müllbeutel an, wenn ich ihn zum Müllcontainer trage?
- Was kann an dieser Stelle des Beutels giftig für mich sein?
- Was kann an dem Griff des Müllcontainers sein?
- Woran kann ich sehen, daß etwas Schädliches an meinen Händen ist?
- Kann anschließend Gift in den Topf kommen?
- Ist es wahrscheinlich, daß ich mich und andere damit schädigen kann?

Mit Hilfe so konkreter Fragen können wir auch anderen Katastrophengedanken zu Leibe rücken, die durch zu allgemeines Denken entstehen, beispielsweise wenn wir befürchten, daß ein Einbrecher kommt, wenn wir abends allein zu Hause sind. Konkrete Fragen zur Angstminderung könnten hier lauten:

- Wie kann ein Einbrecher in die Wohnung gelangen?
- Was ist dabei wahrscheinlich zu hören?
- Wie verhalte ich mich?
- Welche Vorsichtsmaßnahmen kann ich ergreifen, um rechtzeitig Hilfe zu erhalten (Telefon neben das Bett)?

Meist kommen wir dabei zu dem Schluß, daß wir dem befürchteten Ereignis gar nicht so sehr ausgeliefert sind, daß es mit eher geringer Wahrscheinlichkeit eintritt oder der Schaden viel reduzierter ausfallen würde, als wir dachten. Auch merken wir, welche sinnvollen Vorsichtsmaßnahmen zu ergreifen sind und wie die Gefahr bewältigt werden kann.

Wer davon überzeugt ist, aufgrund der Lage seines Hauses oder der darin enthaltenen materiellen Werte ein bevorzugtes Opfer von Einbrechern zu sein, kann sich entsprechend schützen. Heutzutage gibt es ein breites Angebot an Sicherheitsschlössern, Alarmanlagen oder Lichtwarnsystemen, die der Abschreckung dienen. Sprechen Sie mit einem Spezialisten über die Möglichkeiten, Ihr Haus abzusichern.

Angstmacher frontal angehen und konkret werden lassen

Um übertriebene Angst vor Bakterien, Gift und anderen Schadstoffen zu mindern, müssen wir uns den Angstmachern in der Realität stellen. Wichtig ist dabei, daß wir auf übertriebene Vorsichtsmaßnahmen verzichten, wenn keine Gefahr besteht oder diese Mittel ungeeignet sind, um eine gegebene Bedrohung abzuwenden. Klar ist natürlich, daß wir uns dem Ängstigenden nur so weit und in einer solchen Art aussetzen, die tatsächlich nicht gefährlich ist. Niemand muß verdorbene Nahrungsmittel essen, Blumendünger trinken, bei Gewitter ins Freibad gehen oder bei Dunkelheit in den Wald. Gut ist es, wenn wir uns das, wovor wir Angst haben, genau vorstellen, uns in Gedanken mit dem Angstmacher (z. B. dem Gewitter oder dem Einbrecher) konfrontieren. Dazu ist es notwendig, daß wir uns beispielsweise das Gewitter möglichst genau und lebendig vorstellen: wie hell die Blitze sind, wie laut es donnert, wo wir dann gerade sind, wer bei uns ist.

Eine einfache Art und Weise, sich z. B. an »Schmutz« zu gewöhnen, sind handwerkliche Arbeiten. Beim Töpfern, Schreinern, Malen oder Basteln mit natürlichen Materialien geht es nie ganz sauber zu.

Gewissen Ängsten sollte man auf keinen Fall allein begegnen. Es gibt therapeutische Maßnahmen, bei denen Fachkräfte den Menschen in seiner Angstsituation begleiten.

Aus der Ferne beobachten

Manche Launen der Natur können wir an sicheren Orten gut beobachten: Hagelschauer, Stürme und nicht zuletzt die gefürchteten Blitze bei Gewittern. Tun wir das öfter, können wir jedesmal feststellen, daß uns nichts passiert, daß wir uns auch gar nicht vor lauter Angst in Ecken verkriechen müssen und Augen und Ohren nicht zuhalten müssen. Im Gegenteil! Unsere Angst nimmt ab. Das gleiche geschieht auch dann, wenn wir unseren alltäglichen Beschäftigungen nachgehen. Mit jedem Mal merken wir, daß uns nichts passiert. Nur wenn wir den Moment selbst erfahren und leben – sozusagen am eigenen Leib –, wird die Angst weniger. Natürlich heißt das nicht, in konkreten Gefahrensituationen die geeigneten Vorsichtsmaßnahmen zu vernachlässigen!

Gestärkt in die Wirklichkeit

Um sich nun mit dem Bedrohlichen tatsächlich zu konfrontieren, beginnt man damit, sich die Situation in Gedanken vorzustellen. Stellen Sie sich das Ängstigende so wirklichkeitsgetreu wie möglich vor. Der nächste Schritt ist, sich in die reale Situation zu begeben: z. B. eine belebte, übersichtliche und gutbeleuchtete Straße bei Dunkelheit entlanggehen. Wichtig ist dabei, daß wir uns dieser Situation so lange stellen, bis die Angst abnimmt. Dabei spüren wir an uns selbst die Angstkurve: bis zu welcher Intensität sich unsere Angst tatsächlich steigert, wie es uns dabei körperlich geht, das Gefühl, wenn die Angst nachläßt. Und vielleicht erreichen wir dann den Punkt, vorbeiziehenden Wolken, dem Blitz am Himmel oder den heftigen Bewegungen von Bäumen im Sturm etwas abzugewinnen. Oder wir können die Ruhe am Abend auf den Straßen während eines Spaziergangs im Viertel genießen.

Ziel bei der Gewöhnung an eine Angstsituation ist immer ihre Überwindung. Mit anderen Worten: Wenn ich davor Angst habe, mich mit Bakterien aus dem Mülleimer zu infizieren, und ihn deshalb nur mit Gummihandschuhen aus dem Haus trage, kann ich mich daran gewöhnen, den Eimer mit bloßen Händen in den Container zu leeren. Diesen Vorgang wiederhole ich so häufig, bis er mir zur Selbstverständlichkeit geworden ist.

Oft können wir feststellen, daß wir mit unseren Befürchtungen nicht allein sind. Wenn wir bei passender Gelegenheit jemandem, der uns nahesteht, von unseren Ängsten berichten, kann das eine Erleichterung sein. Auch andere hatten schon Angst vor Gewitter oder Dunkelheit.

Angst vor Dunkelheit

Die Angst vor der Dunkelheit kann noch andere Ursachen haben. Sie kann z. B. dadurch hervorgerufen sein, daß wir abends in trübsinniger Stimmung sind, uns allein fühlen, nichts zu tun haben, was uns wichtig ist, und ins Grübeln verfallen. Wir denken an das, was wir nicht geschafft haben, oder an Verluste, die wir noch nicht verarbeitet haben (Tod oder Trennung vom Partner). Hat die Angst vor Dunkelheit solche Ursachen, müssen wir genau diese bekämpfen, indem wir Aktivitäten für den Abend planen oder mit der Unterstützung von Freunden lernen, Verluste zu verarbeiten und andere Ängste abzubauen.

Kinder leiden oft unter Angst vor Dunkelheit und trauen sich nicht, ohne Licht einzuschlafen. Wer als Erwachsener noch davon betroffen ist, hat diese frühkindlichen Ängste noch nicht überwunden. Um gegen das Einsamkeitsgefühl, das sich mit der Dunkelheit einstellt, und das Gefühl einer unbekannten Bedrohung anzugehen, hilft beruhigende Musik oder der Besuch von Freunden.

Versuchen Sie – wenn Ihr Angstfaktor Gewitter ist –, das Schöne daran wahrzunehmen. Als Ziel könnten Sie sich setzen, ein prickelndes Gefühl beim Anblick eines Blitzes zu bekommen und diesen Moment zu genießen.

Komplexe Ängste sind irrationale Ängste. Gerade deswegen müssen sie besonders ernst genommen werden!

Komplexe Ängste

Wenn Angst zur Krankheit wird

Es gibt Formen der Angst, die auf den ersten Blick nicht mehr auf eine bestimmte Ursache zurückzuführen sind. Sie sind losgelöst von einer realen Gefahrensituation. Die Angst tritt hier in vielerlei Situationen auf, deshalb heißt sie auch komplexe Phobie. Wie bei den anderen Phobien (z. B. Tierphobie) ist der Grund, warum ein Angstgefühl ausgelöst wird, schwer zu finden. Die Angst hat sich nämlich gelöst von früheren Erlebnissen und auf ein Objekt (Spinne!) oder eine Handlung (Gehen über freie Plätze) verlagert. Häufig können wir uns dann nicht mehr aus eigener Kraft von dieser Angst befreien und benötigen Hilfe.

Angst vor Menschenmengen, Plätzen, Höhen und Tiefen

Bei der komplexen Angst handelt es sich also nicht wirklich um eine konkrete Angst, sondern um ein Spektrum von Ängsten. Wir haben nicht nur vor einem Reiz Angst, sondern vor mehreren. Das können Situationen, Menschenmengen, enge Räume u. ä. ebenso sein wie etwas, was in uns selbst passiert, also Gedanken und Körperempfindungen.

Agoraphobie

Die bekannteste unter den komplexen Ängsten ist die Agoraphobie. Ursprünglich meint dies die Angst vor freien Plätzen (griechisch: agora = Marktplatz). Doch auch die Angst vor anderen Orten und Situationen, die sich nicht im eigenen Wohnbereich abspielen, wird Agoraphobie genannt. Die eigene Wohnung stellt noch einen sicheren Ort dar. Doch die Krankheit kann sich so weit ausdehnen, daß man nicht mehr allein zu Hause bleiben kann. Die Angst kann in verschiedenen Momenten ausgelöst werden:

- In einer Warteschlange, in einem Geschäft oder an der Kinokasse und in Menschengedränge
- In einem öffentlichen Gebäude, wie Kaufhaus, Kino, Theater, Museum, Schulraum, Saal oder Bahnhof
- Im Fahrstuhl
- In öffentlichen Verkehrsmitteln, wie Flugzeug, Eisenbahn, Schiff, oder dem eigenen Auto
- Auf offenem Feld, im Wald, auf großen Plätzen
- Bei großen Wasserflächen, manchmal schon im Schwimmbad
- Beim Essen in einem Restaurant
- In einem Tunnel, Parkhaus oder in einer Tiefgarage
- Auf hochgelegenen Orten (Turm, Bergspitze, Hochhaus, Brücke)
- Auf Straßen und Autobahnen
- Bei einem Verkehrsstau, an einer roten Ampel
- Auf einer Party, bei Feierlichkeiten oder Versammlungen
- Allein zu Hause
- Bei eintönigen Arbeiten im Haushalt und Beruf, z. B. Bügeln, Tätigkeiten am Fließband
- Bei langweiligen Fernsehsendungen
- Beim Wach-im-Bett-Liegen
- Entfernt von zu Hause oder von sicheren Orten (Arzt, Klinik, Polizei)
- Auch an sicheren Orten, wie z. B. im Wartezimmer eines Arztes, im Bett in der Klinik, im Krankenwagen

Die körperlichen Symptome bei einer Phobie sind deutlich stärker ausgeprägt als bei der sogenannten normalen, alltäglichen Angst. Das Dilemma bei Phobien: Das Selbstbewußtsein der Betroffenen nimmt zusehends ab, und sie ziehen sich bis in die völlige Isolation zurück. Phobien anzugehen ist Sache eines Arztes oder eines darauf geschulten Therapeuten. Sie können für sich zwar gewisse Mechanismen in Gang setzen – dennoch, nehmen Sie diese Art von Angst ganz besonders ernst.

Wie zeigt sich die komplexe Angst?

Bei der komplexen Phobie ist die Angst deutlich größer und inhaltlich anders, als sie bei den in der Situation tatsächlich bestehenden Gefahren angemessen ist, z. B.: Angst, im Bus zu ersticken oder ohnmächtig zu werden! Anstelle der angemessenen Angst (beim scharfen Bremsen könnte ich umfallen, wenn ich nicht sicher stehe oder einen Sitzplatz habe) werden Gefahren erdacht, die sich auf unsere Persönlichkeit und Existenz beziehen. Die Erstickungsangst betrifft nur uns selbst, nicht die anderen Mitfahrenden im Bus.

In einer solchen vermeintlichen Gefahr spüren wir deutliche körperliche Schwächeanfälle, reagieren panisch (Notbremse ziehen, um aus dem Bus auszusteigen), versuchen in Zukunft ähnliche Situationen zu vermeiden und bekommen schließlich Angst vor dieser Angst. Über Wochen und Monate hinweg schränkt sich unser Lebenshorizont weiter ein, weil wir uns weniger und weniger zutrauen. Viele verfallen in Depressionen oder suchen Trost bei Medikamenten und Alkohol.

Eine Folge der Agoraphobie können Depressionen sein. Der Mensch fühlt sich dabei erschöpft, traurig, niedergeschlagen und verhält sich absolut passiv seiner Umwelt gegenüber. Ihm fällt es schwer, sein Leben wieder in die Hand zu nehmen. Um diesen Teufelskreis zu durchbrechen, sind psychotherapeutische Sitzungen von großem Nutzen.

Der Apathie entgegenwirken

Wir können feststellen, daß die zentralen Symptome, die in diesem fortgeschrittenen Angstzustand auftreten, ein gemeinsames Merkmal haben – und zwar das Erleben von subjektiver Monotonie und Passivität.

Es handelt sich dabei um einen Zustand, in dem der Betroffene oft nur noch automatisch zu Routinehandlungen fähig ist; oft versinkt er jedoch in völlige Apathie. In solchen Situationen wird nichts mehr bewußt wahrgenommen und reflektiert. Eine Möglichkeit ist hier, wenn ein Außenstehender diesen Zustand aufkommen sieht, den Betroffenen abzulenken, in ein Gespräch zu zwingen und zu Handlungen zu motivieren.

Mit Angstproblemen nicht allein

An Phobien erkrankt sind bzw. waren nahezu fünf Millionen Deutsche, allein unter der Agoraphobie leiden ca. 600 000 Menschen. In der Mehrheit sind es Frauen.

Man rechnet, daß etwa fünf Prozent der Bevölkerung im Laufe ihres Lebens einmal eine Agoraphobie durchleiden. Weitere fünf Prozent haben eine Herzphobie (Angst, daß die Herzfunktion aussetzt). Hier sind Männer stärker belastet als Frauen.

Was tun bei Panikanfällen?

Bei der Agoraphobie tritt häufig eine Panikstörung auf. Die Panikattacken kommen für die Betroffenen plötzlich und unerwartet. Sie dauern im Durchschnitt eine halbe Stunde, in der mehrere Symptome parallel auftreten können.
Typische Angstgefühle, die bei Panikattacken auftreten, sind:

Panikartige Zustände können relativ lange andauern. Beim Ausklingen des Anfalls sollte man für Ruhe und Entspannung sorgen, sich hinlegen, die Füße hochlagern und ein Glas Wasser trinken, um den Kreislauf wieder zu stabilisieren. Wichtig wäre auch, in solchen Momenten nicht allein zu sein, sondern einen Vertrauten an seiner Seite zu haben.

- Angst vor Tod, Herzinfarkt, Ohnmacht, Kreislaufkollaps
- Angst vor Verlust der Selbstkontrolle, Verrücktwerden
- Angst vor Ersticken, Erblinden
- Stuhl- oder Harndrang, Übelkeit
- Weiche Knie, Zittern
- Herzklopfen, Herzjagen und Herzstolpern
- Kloß im Hals, trockene Kehle
- Schwitzen, Atemnot, Hitzewallungen und Erröten
- Kribbeln in den Fingern, Armen und Beinen
- Druck oder Engegefühl in der Brust, Desorientierung
- Schwindelgefühl, eingeengtes Gesichtsfeld
- Ohnmachtsgefühl, Schwanken des optischen Bildes, ein Gefühl wie Watte im Kopf
- Verlust des Gleichgewichtsgefühls – tatsächlich oder subjektiv empfunden

Symptome von Panikanfällen

Menschen, die unter Panikanfällen leiden, weisen bestimmte Merkmale auf:

- Starke körperliche Symptome wie Herzrasen, Schwitzen, Atemnot, Übelkeit etc.

- Das plötzliche und unerwartete Auftreten dieser Symptome

- Körperliche Reize, die über einen gewissen Zeitraum bestehen bleiben (ca. eine halbe Stunde)

- Angst vor Wiederholung der Panikzustände

- Gewisse Regelmäßigkeit und Häufigkeit im Auftreten der Attacken

- Panik in Situationen, die real als nicht gefährlich einzuschätzen sind

Wird das Gehirn nicht mit genügend Sauerstoff versorgt, kann es ebenfalls zu plötzlichen Panikattacken kommen. Der mangelnden Sauerstoffzufuhr kann eine unzureichende Durchblutung des Gehirns, eine Lungen- oder Kreislaufschwäche oder ein länger zurückliegender Herzinfarkt zugrunde liegen.

Da diese Symptome auf keine wirkliche Erkrankung im Körper zurückzuführen sind, kann auch der Arzt keine körperlichen Ursachen feststellen. Erzeugt werden die Zustände allein durch die Angst und durch schlimme Befürchtungen.

Körperliche Ursachen ausschließen

Angstminderung ohne fachkundige Hilfe ist nur schwer oder kaum zu erreichen. Um herauszufinden, ob die Angstzustände nicht doch körperliche Ursachen haben, sollten Sie auf jeden Fall einen Arzt aufsuchen und ihm Ihre Symptome schildern.

Organische Störungen oder Erkrankungen wie Herzfehler, mangelnde Versorgung des Gehirns mit Sauerstoff, Asthmaanfälle, akute Unterzuckerung, zu niedriger Blutdruck, Schilddrüsenüber- oder -fehlfunktion sind als Ursachen denkbar.

Auch ungünstige Ernährungs- und Bewegungsgewohnheiten können die komplexe Angst verstärken. So kommt es beispielsweise zu einer Verstärkung der Störungen bei zu hohem Kaffee- und Fruchtsäurekonsum sowie bei Bewegungsmangel. Eine Veränderung solcher Gewohnheiten kann helfen, diese Angst zu mindern, ist jedoch allein nicht ausreichend.

Aufputschende Lebensmittelbestandteile wie Koffein oder Teein, eine einseitige Ernährung, die das Magen- und Verdauungssystem beschwert, und zuwenig Bewegung können Angstzuständen Vorschub leisten und dafür sorgen, daß diese länger anhalten.

Gründe für die komplexen Ängste

Der Annäherungs-Vermeidungs-Konflikt

Eine wesentliche Ursache der komplexen Angst ist der sogenannte als unlösbar erlebte Annäherungs-Vermeidungs-Konflikt. Darunter versteht man eine Situation, in der wir permanent hin und her gerissen sind: Auf der einen Seite wollen wir etwas sehr stark, so daß es unser gesamtes Denken und Fühlen vereinnahmt, auf der anderen Seite fliehen wir vor dem Objekt der Begierde. Können wir den Konflikt nicht lösen, tritt ein Gefühl der persönlichen Niederlage und des Niedergeschlagenseins auf. Solche Konflikte können beispielsweise entstehen im Zusammenhang mit:

- Der Ablösung von den Eltern
- Persönlicher Anbindung nach einer Heirat
- Machtverhältnissen in der Ehe, der Familie oder im Beruf
- Wartephasen (vor Beginn der heißen Prüfungsvorbereitungen, vor der Eheschließung, einem beruflichen Neuanfang)
- Verlust oder Trennung von einer geliebten Person
- Häuslicher Anbindung durch die Geburt eines Kindes
- Panik durch die eigene Krankheit, Unfall oder Operation sowie durch Tod, Krankheit, Unfälle oder Operationen verwandter, bekannter oder unbekannter Personen

Das Gefühl der unlösbaren Situation

Liegt ein solcher Konflikt vor, versuchen wir zunächst bewußt, später aber auch unbewußt, diesen Konflikt zu bewältigen. Wird über Wochen und Monate keine Lösung dieses Konflikts erreicht, erfolgt ein psychischer Schutzmechanismus: Eine der beiden Tendenzen – die Annäherungs- oder die Vermeidungsbestrebung – wird zunehmenden Verdrängungsprozessen unterworfen. Dies hat zur Folge, daß der Konflikt teils bewußt und teils unbewußt weiterbesteht. In subjektiv als monoton erlebten Situationen setzt normalerweise eine stimmungsaufhellende oder positive Gedankentätigkeit ein, um diese Situation auszufüllen und zu überbrücken. Es können aber auch Aktivitäten sein, z. B. Bewegung, interessante Gespräche, das Singen von Lieblingsliedern – oder anderes, woran wir aktiv beteiligt sind.

Das Zustandekommen entsprechender Gedanken oder Aktivitäten wird bei Bestehen komplexer Angst blockiert durch den teils bewußten und teils unbewußten Annäherungs-Vermeidungs-Konflikt. Durch eine solche Blockade kommt es zu kompensatorischen Unruhe- und Erregungszuständen und in der Folge zu Panikattacken und Erregungsschwindel.

Der jüdische Nervenarzt Dr. Sigmund Freud begründete zu Beginn des 20. Jahrhunderts die Psychoanalyse. Durch die Einbeziehung des Unterbewußten beim Menschen gelang es ihm, der Psychotherapie neue Impulse zu verleihen und ihre Heilungserfolge zu verbessern.

Seelische Ursache der Angst

Der Arzt und Psychologe Sigmund Freud (1856–1939) bezeichnete Angststörungen und Phobien als Angstneurosen. Nach Freud liegen der Angst tiefergehende, bisweilen frühkindliche psychische Faktoren zugrunde.

Die Konflikte werden aber verdrängt, und das Gefühl der Angst verlagert sich auf ein anderes Objekt. Eine zentrale Angst, die spätere Störungen hervorrufen kann, ist dabei die Trennungsangst. So wird die Angst des Kindes, von der Mutter verlassen zu werden, genannt.

Konflikte erkennen und bearbeiten

Sind die Konflikte so schwer und anhaltend, daß sie die komplexe Angst verursachen, ist es unbedingt ratsam, fachkundige Hilfe in Anspruch zu nehmen. Der Konflikt und die Gedanken darüber sind in diesem Stadium des Bestehens meist schon so festgefahren und undurchsichtig miteinander verflochten, daß es kaum möglich ist, das Gedankengewirr zu durchblicken.

Hilfreich ist es auch, in angstauslösenden Situationen die subjektiv erlebte Monotonie und Passivität bewußt zu reduzieren. Das können wir tun, indem wir gerade dann, wenn wir uns in solchen Situationen befinden (z. B. im Bus fahren), über etwas intensiv nachdenken, was uns selbst und unsere Lebenssituation betrifft, uns bewegen, mit anderen ein Gespräch anfangen, singen und pfeifen, vor uns hinschimpfen – und anderes tun, was die Passivität und die uns selbst betreffende Monotonie verringert. Damit tun wir bewußt genau das, was durch den ungelösten Konflikt blockiert ist. Auch wenn es dadurch gelingt, die ängstigenden Situationen besser zu ertragen, bedeutet das keinesfalls, daß der zugrundeliegende Konflikt damit gelöst ist – er ist nur beiseite geschoben und wird irgendwann später wiederkommen.

In bestimmten Situationen, die einen Angstanfall auslösen können, hilft es, sich mit kleineren Handlungen, Konzentrationsübungen oder einem spontanen Gespräch mit einem anderen abzulenken. Auf diese Weise kann man die Passivität unterbrechen, die dem Anfall vorausgeht.

Gefühle erkennen und ausleben

Eine weitere wichtige Ursache der komplexen Angst ist das Unterdrücken vitaler Gefühle, besonders der angstauslösenden, wie Ärger und Trauer. Wenn wir unsere Gefühle nie ausleben, bleiben sie unbewältigt bestehen. In Situationen, in denen wir passiv sind, haben die unterdrückten Gefühle ebenso wie die ungelösten Konflikte Raum, wieder aus der Versenkung im Unterbewußtsein aufzutauchen. Das Resultat – es kommt zu einer Blockade des Verhaltens.

Die Angst als Kraft nutzen

Wir müssen wieder lernen, Gefühle in ihrer spezifischen Eigenart zu leben und zu erleben. Das bedeutet, sie nicht erst im nachhinein zuzulassen, sondern sie in der konkreten Situation aus sich herauszulassen – das beinhaltet Zeitpunkt, Ort, Begebenheit und betreffende Person. Es ist wichtig, z. B. dem Ärger im Streit mit dem Nachbarn, der Trauer nach dem Erhalt einer Todesnachricht in dem aktuellen Moment Ausdruck zu verleihen. Damit wird die Angst zu einer Kraft, die mich in einer konkreten Situation psychisch stärkt, weil ich mich aufgrund meiner Angst auf eine Situation vorbereite.

Gefühlsäußerungen unterscheiden

Häufig wird beim Bestehen einer Agoraphobie jede Gefühlsregung sofort als Angst gedeutet. Bei anderen Gefühlen gibt es körperliche Reaktionen, die denen der Angst ähnlich sind,

Eine spontane Gefühlsregung, die sich ähnlich wie ein Angstsymptom ausdrückt (z. B. erhöhte Herzschlagfrequenz), entspricht nicht gleich einem beginnenden Angstanfall. Auch andere Emotionen wie etwa Wut oder Trauer können sich in körperlichen Reaktionen niederschlagen.

Die obere Kurve zeigt die Angst, die subjektiv empfunden wird. Das Angstvolumen nimmt durch die Erwartungshaltung zu, daß sich die Angst zur schlimmsten Katastrophe steigert und daß sie nie wieder verschwindet. Die untere Kurve zeigt den tatsächlichen Verlauf des Angsterlebnisses, mit einem kurzfristigen Höhepunkt.

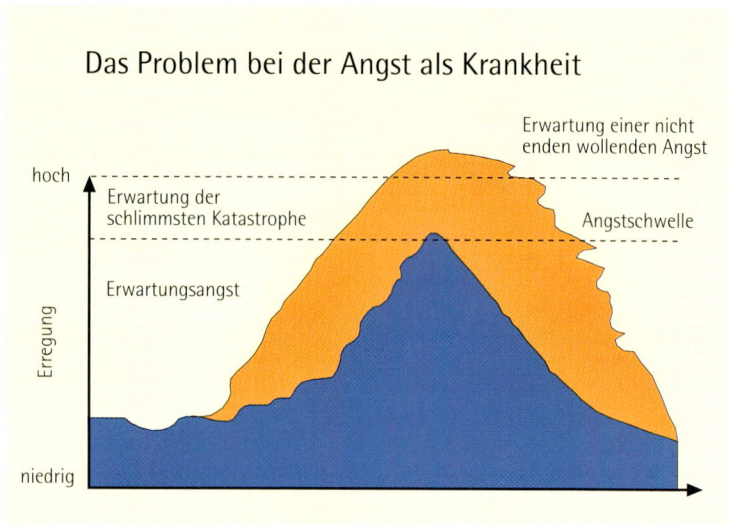

Das Problem bei der Angst als Krankheit

Erwartung einer nicht enden wollenden Angst

hoch

Erwartung der schlimmsten Katastrophe

Angstschwelle

Erwartungsangst

Erregung

niedrig

z. B. Beklemmung in der Brust, zugeschnürter Hals, Kribbeln in Armen und Beinen. Eine körperliche Reaktion wird wahrgenommen, sofort zu stark verallgemeinert, und es wird bewußt oder unbewußt darauf geschlossen, daß es Angst ist. Wichtig ist es deshalb, wieder eine differenzierte Wahrnehmung von Gefühlen zu entwickeln.

Sich besser informieren

Auch hier trägt ein Mangel an Information über bestehende Gefahren zur Verstärkung der Angst bei. So werden z. B. körperliche Reaktionen sehr häufig als Anzeichen für eine schwere Krankheit gedeutet, was wiederum die Angst und Panik verstärkt (wenn mein Herz rast, steht ein Herzinfarkt bevor; wenn ich mich schwindlig fühle, ist das ein Zeichen für einen Hirntumor). Daher ist es notwendig, sich zutreffendes Wissen über das Beängstigende zu verschaffen. Besonders wichtig ist es zu wissen, daß Panikattacken und Schwindel normale Körperreaktionen sein können. Das gilt auch, wenn keine körperliche Störung oder Erkrankung feststellbar ist (klären Sie solche Situationen dennoch immer bei einem Arzt). Die ungewohnten körperlichen Symptome können im Moment ihres Auftretens stark sein, sind aber für den Körper nicht schädlich oder gar gefährlich.

Den Katastrophengedanken gründlich hinterfragen

Verschlimmern kann sich die Agoraphobie zudem durch zu allgemeines, in Katastrophen endendes Denken: Wenn mir im Auto schwindlig wird, verursache ich einen schweren Unfall! Wenn ich zittere, denken die anderen schlecht über mich! Wenn mein Herz rast, bekomme ich einen Herzinfarkt und muß vielleicht sterben! Dieses zu allgemeine Denken muß auch hier wieder auf den Punkt gebracht werden. Dies errei-

Äußerungen des Körpers gehen nicht immer mit einer Krankheit oder einer Störung einher. Oft signalisiert der Organismus einfach den Zustand der Seele oder die momentane Gemütslage. Daher ist es zumeist auch besser, sich zunächst einmal mit seiner Psyche auseinanderzusetzen statt mit allen möglichen eingebildeten körperlichen Defekten.

chen wir dadurch, daß wir uns zu dem, was uns angst macht, konkrete Fragen stellen.

Ein Beispiel: Wenn ich in der Fußgängerzone ohnmächtig werde, kümmert sich niemand um mich, und ich sterbe!

Zu so einem Katastrophengedanken können wir uns detaillierte Fragen stellen, die helfen, unsere Angst zu mindern:

- Wie wahrscheinlich ist es, daß ich in der Fußgängerzone ohnmächtig werde?
- Wo genau werde ich ohnmächtig?
- Falle ich plötzlich um, oder kann ich mich noch setzen?
- Sind dort andere Menschen?
- Wie könnte mir jemand helfen?
- Wie lange bin ich ohnmächtig?
- Wie wahrscheinlich ist es, daß mir geholfen wird, wenn ich ohnmächtig ins Krankenhaus komme?
- Wie groß ist die Wahrscheinlichkeit, daß ich deshalb sterben muß?

Wenn Sie sich diese Fragen in Ruhe stellen, werden Sie sicherlich zu dem Ergebnis kommen, daß Ihre Angst vor dem subjektiven Gefahrenmoment relativ unbegründet ist. Sie können Vorkehrungen treffen und werden insgesamt mit der Situation gelassener umgehen. Dadurch, daß Sie an Sicherheit gewinnen, wird das Angstmoment reduziert.

Wenn man in Gedanken eine Angstsituation und verschiedene Bewältigungsstrategien hierzu durchspielt, tut man sich anschließend in der Wirklichkeit wesentlich leichter. Das mentale Training macht von innen heraus stark und zeigt, wie wach und geschickt unser Verstand ist.

Das Angstgefühl provozieren

Auch bei der komplexen Angst ist es notwendig, daß wir uns den angstauslösenden Situationen stellen. Nur so können wir am eigenen Leib erfahren, daß die Angst dann abnimmt, wenn wir in der bedrohlichen Situation, z. B. im Kaufhaus, im Fahrstuhl, auf dem Turm usw., sind, und wir Gefahren überschätzt haben. Bevor wir uns der realen Situation aussetzen, können wir das zunächst in unserer Vorstellung tun. Auch das macht uns letztendlich stärker.

Angst zulassen – nicht wegschieben

Angst muß zugelassen werden. Sie braucht ein Ventil, um nach außen zu gelangen, sonst wird sie in unserer Psyche oder in unserem Körper herumgeistern und zur Qual werden.

Eine – schon erwähnte – Möglichkeit der Ventilierung ist, sich die Gefahrensituation so lebendig und wirklichkeitsgetreu wie möglich vorzustellen. So verarbeiten wir einen Teil der Angst vorweg, so daß wir in der realen Situation nicht das Maximum an Angstgefühlen erleben.

Auch können wir uns in der Vorstellung Bewältigungsstrategien überlegen und durchspielen und unsere Einschätzung bestehender Gefahren verändern, so daß sie den tatsächlich gegebenen Bedrohungen gerecht wird. Sind wir im Simulieren etwas geübt, können wir uns an reale Erlebnisse herantasten: Auto fahren, einen Zug oder Bus besteigen, in einer langen Schlange an der Kasse stehen, ins Kino oder in eine Kirche gehen, auf einem Turm hoch oben stehen, uns in einer engen Duschkabine aufhalten usw. Aushalten müssen wir es in der Situation wieder so lange, bis die Angst weniger wird.

Kontakt aufnehmen

Besteht nun eine Angstform, z. B. die Agoraphobie, schon über lange Zeit, ist es zusätzlich notwendig, sich Aktivitäten und soziale Fertigkeiten anzueignen.

Hilfreich ist es, Kontakt zu anderen aufzubauen, zu flirten, sich auf Diskussionen einzulassen, Konflikte auszutragen und sich allgemein ins soziale Leben zu mischen. Das können Sie über ein Hobby, über eine sportliche Betätigung, aber auch im beruflichen Alltag. Denn durch das Vermeidungsverhalten sind Aktivitäten in der Regel eingeengt und soziale Fertigkeiten ungenügend geübt.

Bei allen Ängsten ist es wichtig, sie so oft wie möglich zuzulassen, anstatt sie zu verdrängen. Dieser Vorgang des gewaltsamen Unterdrückens steigert die Angst bei einem erneuten Ausbruch nur, verstärkt die Panikattacken und Schwindelanfälle.

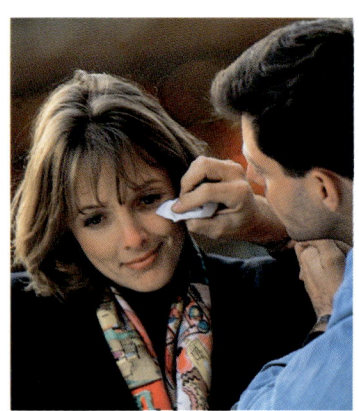

Lassen Sie Ihren Gefühlen freien Lauf – nur so ist eine Sensibilisierung für die eigene Emotionalität möglich.

Hilfreich bei einem akuten Angstanfall mit starken Symptomen ist der Gedanke, daß die momentane Panik und der Schwindel normale Reaktionen des Körpers sind, die im Moment übersteigert auftreten.
Diese Körperäußerungen sind jedoch nicht gefährlich, und die Angst nimmt nach einiger Zeit auch wieder ab.

Ängste mindern – Gefühle zulassen

Das Positive an der Angst

Angst warnt uns vor Gefahren

Was hilft es uns, wenn wir die Angst zulassen, sie erleben und durchleben? Zunächst einmal kann das Angstgefühl nur dann seine natürlichen Aufgaben erfüllen, wenn wir es überhaupt wahrnehmen. Nur wenn wir die Angst erleben, kann sie uns vor einer Gefahr warnen. Wir erfahren beim Zulassen der Angst aber noch mehr. Nur wenn wir sie nicht wegschieben, können wir auch den Moment der Entlastung, der Entwarnung von Gefahr spüren. Die Angst kann sich nicht bis ins Unendliche steigern. Sie hat einen – relativ schnell erreichten – Höhepunkt, ab dem das Angstgefühl wieder abnimmt. Das ist ein Erfolgserlebnis: Wir haben die Angst mit Hilfe gezielter Angststrategien bewältigt! Und nicht nur das: Wir haben die Angstgrenze erweitert. Das ist eine positive Erfahrung.

Wenn die Angst zuschlägt

Meist merken wir erst dann, wenn wir die Angst tatsächlich erleben, daß es sich nicht um ein grausames Gefühl handelt, das uns einfach so übermannt. Wir stellen fest, daß wir etwas gegen die vermeintliche Gefahr tun können. Wir spüren, daß wir gegenüber der Angst nicht hilflos sind. Diese Erfahrung ist notwendig, damit wir mit der Zeit keine Angst vor der Angst mehr entwickeln.

Wann Gefühle unangebracht sind

Wir brauchen auch die Angst davor, Gefühle zu erleben und auszudrücken. Denn selbstverständlich gibt es im Alltag Situationen, in denen momentan alles andere als unsere Gefühle wichtig ist, in denen es ein Nachteil wäre, wenn wir uns unserem momentanen Gefühl hingeben würden. Ein Überhandnehmen von Gefühlen kann uns hinderlich sein:

- In einer Prüfung
- In einem wichtigen Gespräch (bei Kunden, Vorgesetzten, beim Anwalt)
- Während schwieriger Arbeiten im Haushalt oder Beruf

Für diese und ähnliche Situationen brauchen wir einen klaren Kopf, wir müssen uns auf Fakten konzentrieren und können uns nicht damit beschäftigen, daß wir gerade glücklich oder unglücklich verliebt sind oder daß wir Angst vor unserer geplanten Flugreise haben.

Der richtige Augenblick

Ebenso ist klar, daß wir unsere Gefühle nicht jeder beliebigen Person gegenüber gleich ausposaunen sollten. Den Chef sollten wir vielleicht nicht gleich anbrüllen, obwohl er uns während des Vorstellungsgesprächs wütend gemacht hat; dem Verkäufer, den wir gerade erst kennengelernt haben, werden wir auch nicht gleich und auf der Stelle unsere sexuelle Lust zeigen. So hilft diese Angst davor, uns vor Nachteilen durch zuviel Gefühl zu schützen.

Gefühlsäußerungen zum falschen Zeitpunkt können oft fatale Wirkungen nach sich ziehen. Insofern ist die Angst oder Scheu davor, Emotionen zuzulassen, durchaus verständlich. Trotzdem: Wer mit seinen Gefühlen nicht umzugehen lernt und ihnen nicht hin und wieder Spielraum gibt, verkümmert innerlich.

Wieviel Angst vor Gefühlen?

Gefühle nicht in sich hineinfressen

Gefühl und Spontaneität haben viel miteinander zu tun. Oft ist es gesünder, auf sein momentanes Gefühl zu hören, wenn die Entscheidung für eine ganz bestimmte Sache ansteht, als lange hin und her zu überlegen. Gefühle sind zudem die ehrlichste Art, wie man sich anderen gegenüber artikulieren kann.

Unsere Angst vor dem Erleben und Leben von Emotionen ist schon fast gewohnheitsmäßig viel zu groß. Wir vergessen, daß uns Gefühle angeboren sind und wir sie zum täglichen Leben brauchen. Angst, Wut, Trauer, Freude und Erregtheit sind allesamt Gefühle, die uns etwas signalisieren. Sie treten in Situationen auf, die für uns ganz persönlich eine besondere Bedeutung haben. Sie helfen uns, die Situation zu bewältigen oder geeignete Bewältigungsstrategien aufzubauen. Ebenso wie bei der Angst brauchen wir die kommunikative Funktion des Gefühlsausdrucks auch bei allen anderen Emotionen. Woher sollen andere sonst wissen, ob wir ärgerlich, traurig oder fröhlich sind? Wie sollen sie uns, wenn sie es nicht wissen, helfen, mit dem fertig zu werden, was uns traurig oder ärgerlich macht? Unsere Gefühle sind immerhin die unmittelbarste Botschaft, die wir nach außen senden.

Angst vor der Freude?

Fressen wir unsere Gefühle in uns hinein oder unterdrücken wir sie gar vor uns selbst, bleiben die Situationen unverarbeitet, die Gefühle sind nicht durchlebt, sondern nur weggeschoben. Und vor Verdrängtem bekommen wir wiederum Angst. Wir haben es verlernt, mit unseren Gefühlen – seien sie nun positiver oder negativer Natur – richtig umzugehen, und bekommen Angst vor neuen Situationen, in denen sie uns überfallen könnten. Das Problem dabei ist, daß wir uns auf diese Weise vor Erfahrungen, die den weiteren Umgang mit unserer Gefühlswelt bestimmen, sperren. Damit blockieren wir selbst unsere Schutzmechanismen vor der Angst.

Folgen eines Gefühlsstaus

Viele Menschen reagieren in nur leicht emotionsgeladenen Situationen übersteigert. Sie lassen ihre angestauten Gefühle aus anderen Erlebnissen in wesentlich harmloseren Momenten heraus. Das kann sich äußern in:

- **Unpassendem Gesichtsausdruck (Zickigkeit, Feindseligkeit oder Ignoranz, statt vor Ärger laut zu schimpfen)**

- **Unangemessenen Wutausbrüchen, in denen all das vorher Runtergeschluckte mit rauskommt**

- **Übersteigertem Erleben des gegensätzlichen, weniger ängstigenden Gefühls (statt den Ärger zu zeigen, immer mehr Schuldgefühle aufbauen)**

- **Streitsucht, zumeist gegenüber dem Partner, an dem unausgelebte Gefühle ventiliert werden**

Die Energie schafft sich ein Ventil

Wie bei der Angst stellt der Körper auch bei anderen Gefühlen Energie bereit, die wir brauchen, um eine für uns bedeutsame Situation zu bewältigen. Wo soll diese Energie hin, wenn wir sie nicht nutzen? Sie bleibt in unserem Organismus und kommt dort auf eine andere Art wieder zum Ausdruck. Häufig zeigen sich diese Energiestauungen auch in körperlichen Beschwerden. Unterdrücken wir Gefühle über längere Zeit, werden sie nicht angemessen bewältigt, so daß sie bewußt oder unbewußt bestehenbleiben. Das macht sich besonders in solchen Situationen bemerkbar, die wenig Aufmerksamkeit von uns fordern und in denen nichts passiert, was uns oder unsere Lebenssituation betrifft, z. B. in einer Warteschlange, einem Stau, während eines langweiligen

Wer Gefühle unterdrückt und sie nie herausläßt, nur um die Kontrolle über alles Geschehen um sich herum zu bewahren oder um ja nicht die Fassung zu verlieren, vernichtet sie damit nicht. Statt dessen stauen sie sich an, tauchen in Träumen auf oder äußern sich schließlich in unkoordinierten Ausbrüchen.

Films, Vortrags oder eintöniger Tätigkeiten. Es gibt viele Möglichkeiten, wie sich unterdrückte Gefühle und die ungenutzte Energie zeigen können:

- Spannungskopfschmerz
- Atemnot
- Starkes Schwitzen
- Erröten und Zittern, Magendrücken, vermehrter Harndrang, Herzrasen, Durchfall, andauernde innere Unruhe und inneres Aufgewühltsein
- Ständiger Bewegungsdrang

Lachen und Weinen

Wie Gefühle leichter zulassen?

Das Unterdrücken von Gefühlen soll oft eine Lebenseinstellung nach außen vermitteln, die zeigt, daß man alles im Griff hat, daß einem nichts etwas anhaben kann und daß man über den Dingen steht. Meistens verbirgt jedoch ein Mensch der sich hinter diesem Schutzschild versteckt, eine gehörige Portion Unsicherheit und Angst vor der eigenen Emotionswelt.

Es ist völlig normal, starke Gefühle an sich selbst zu beobachten, aber ebenso verständlich, daß man ihnen nicht immer unkontrolliert freien Lauf lassen kann. In der Entwicklungsgeschichte des Menschen ist zu sehen, daß gelernt wurde, mit Gefühlen hauszuhalten. Wir dürfen nicht einen anderen Menschen vor Wut erschlagen, weil er uns etwas gestohlen hat. Dafür gibt es Gesetze. Leider hat es die Zivilisation aber auch mit sich gebracht, daß Menschen jede Emotion zu verbergen versuchen, meist aus Angst vor Nachteilen.

Zu stark ist diese Angst beispielsweise dann, wenn wir:

- Unsere Gefühle nur noch hinunterschlucken
- Sie bei jedweder Gelegenheit als Störenfriede verteufeln
- Eine sehr hohe Schwelle haben, die überschritten sein muß, damit wir uns erlauben, Emotionen zuzulassen und auszudrücken
- Gefühle nur ganz wenigen Personen gegenüber zeigen

- Emotionen bei uns selbst schon gar nicht mehr so recht wahrnehmen können
- Nachteile des Unterdrückens von Gefühlen akzeptieren
- Angst bekommen, wenn wir irgend etwas erleben, was mit dem Zulassen und Ausdrücken von Emotionen zu tun hat
- Ein Gefühl erleben und zeigen und deshalb ein schlechtes Gewissen bekommen
- Angst haben, daß ein Gefühlsausbruch mit Mangel an Selbstbeherrschung gleichgesetzt wird

Spontaneität der Gefühle

Trauer als Reaktion auf einen akuten Verlust ist eine natürliche Emotion. Wir versuchen dabei, den Verlust zu überwinden, indem im Verlauf der Trauer die allmähliche Ablösung von der verlorenen Person oder dem wichtigen Objekt erfolgt und der Aufbau neuer Beziehungen und Bindungen durch das Trauerverhalten gefördert wird. Als erste Reaktion ist es hilfreich zu weinen. Wir fühlen uns dann erleichtert. Auch Schreien hat eine Spannung entladende Funktion.

Die Heilsamkeit des Lachens ist altbekannt und auch, daß Menschen mit einem heiteren Gemüt das Leben unbeschwerter angehen. Um wahrhaften Humor zu entwickeln, braucht es allerdings eine große Portion Toleranz und die Fähigkeit, sich selbst und andere nicht ganz so wichtig oder ernst zu nehmen.

Dem Körper Gutes tun

Beim Lachen entspannt sich der Körper. Der Blutdruck und die Herzschläge steigen kurzzeitig. Die Muskulatur wird so gelöst, und wir fühlen uns entspannt.

Lachen kann auch helfen, manche psychosomatischen Krankheiten, Schmerzen und Depressionen zu lindern.

Positive Effekte hat das Lachen auch in unseren Kontakten zu anderen. Es schafft eine entspannte Atmosphäre, in der Probleme leichter angesprochen und schwierige Situationen leichter bewältigt werden können; und gemeinsames Lachen fördert das Zusammengehörigkeitsgefühl.

Emotionen ausdrücken kann man üben

Die Trauer um einen geliebten Menschen ist ein schmerzliches Erlebnis. Noch schmerzlicher wird es allerdings, wenn man in ihr versinkt und sich verzweifelt an dem Toten festhält. Deswegen will Trauer mit Tränen und Schmerzausbrüchen erlebt sein. Nur auf diese Weise kann man lernen, von dem Verstorbenen loszulassen, um ihn danach positiv in der Erinnerung zu behalten.

Um einen Trauerprozeß zu bewältigen, ist es wichtig, daß wir uns mit dem Verlust und seinen Folgen auseinandersetzen. Es gibt viele Möglichkeiten, wie wir uns an den Verlust heranführen können.

Beispielsweise können wir uns wiederholt Sätze sagen wie: Ich werde den Verstorbenen nie wiedersehen. Nichts wird mehr so sein wie früher. Abschiedsbriefe oder Übungen, z. B. was ich ihm noch sagen würde, wenn er noch hier wäre, ermöglichen es zudem, häufig beteiligte Gefühle wie Aggression und Schuld mit einzubeziehen. So besteht ein oft sinnvoller Weg darin, mit einem Verstorbenen zu sprechen: auf dem Friedhof, in der Wohnung vor seinem Bild, während unbeobachteter Momente bei der Arbeit.

Oder nehmen wir die Fröhlichkeit und das Lachen! Überlegen wir doch mal, was es gibt, bei dem wir bis heute gelächelt, gegrinst und uns das herzhafte Lachen verkniffen haben, worüber wir früher gelacht haben und was andere Menschen zum Lachen bringt. Dabei können wir auf vielerlei stoßen, z. B. Witze, Erinnerungen an lustige Begebenheiten oder nur Gesichter in einem Film oder im Alltag.

Wie Kinder natürlich reagieren

Die Angst davor, unseren Gefühlen freien Lauf zu lassen, können wir mindern, indem wir in einem adäquaten Gefühlsausdruck wieder geübter werden.

Wir sollten uns zunächst überlegen, wie ein Gefühl im allgemeinen unabhängig von der jeweiligen Situation ausgedrückt werden kann: Wie kann ich mich freuen, wütend sein, trauern, meinen Stolz demonstrieren?

Leichter fällt uns dazu etwas ein, wenn wir uns fragen: Wie drücken andere dieses Gefühl aus? Was tun Kinder, wenn sie

Kinder haben noch die Gabe, ihren Gefühlen spontan und vollkommen unverfälscht Ausdruck zu geben. Diese Echtheit ist es, die Erwachsene an Kindern oft fasziniert.

das Gefühl haben? Kleine Kinder können mit ihren Gefühlen noch ganz spontan umgehen. Wie habe ich dieses Gefühl früher ausgedrückt?

Übungshilfe, Gefühle offen zu zeigen

Hilfreich ist es, unsere Überlegungen niederzuschreiben. Wir können damit beginnen, alle Formen von Gefühlen zu notieren, die uns einfallen. Die Regungen, die in unserem Körper passieren, wenn wir uns bestimmte Gefühle vorstellen, notieren wir ebenfalls.

Können wir unsere Gefühle nun wahrnehmen und verfügen wir – zumindest schon mal auf dem Papier und hoffentlich auch bald im Kopf – über Ausdrucksmöglichkeiten, ist das Ausleben oder Zeigen der Emotionen angesagt.

Tun wir das nicht, behalten wir unsere Angst vor ihnen auch weiterhin bei. Nur dann, wenn wir sie auch tatsächlich ausdrücken, merken wir, daß wir ohne schwerwiegende Nach-

Wer öfter kleine Kinder um sich hat oder beobachtet, wird erleben, daß diese ständig damit beschäftigt sind, ihre Gefühle zu äußern. Für Erwachsene mag das zwar bisweilen nervend sein, doch tun die Kinder ihrem seelischen Gleichgewicht mit der Herumkrakeelerei nur Gutes. Wer dasselbe für sich will, sollte sich daher (in Maßen) an den Kleinen ein Vorbild nehmen.

teile aus der Situation kommen und es uns nachher besser-geht. Und das nicht nur deshalb, weil wir uns von dem Gefühlsballast befreit haben, den wir sonst mit uns herum-schleppen würden.

Auch körperlich merken wir sofort eine Entlastung und Erlö-sung, nachdem wir mal aus Leibeskräften gebrüllt haben, Tränenströme haben fließen lassen – oder unseren Gefühlen sonstwie passend und auf natürliche Art Ausdruck verliehen haben.

Das Konstruktive am Streit

Streitkultur hat viel mit dem richtigen Maß an Gefühls-äußerung und rationalem Verhalten zu tun. Wer richtig streiten kann, läßt zwar seinen Emotionen freien Lauf, schafft es aber, den anderen dadurch nicht über Gebühr zu verletzen oder zu verunsichern.

Auch Streiten ist etwas, was mit vielen Gefühlen verbunden ist und deshalb häufig vermieden wird. Denn richtiges Strei-ten will gelernt sein!

Ein lebendiger und konstruktiver Streit hat drei charakteri-stische Merkmale:

1. Die Auseinandersetzung sollte zeitlich begrenzt sein, womit ein Zeitraum von maximal einer halben bis zu einer Stunde gemeint ist.

2. Sie sollte heftig sein, ein wenig über das Ziel hinaus-schießen und in Wortwahl, Intonation der Stimme, Mimik, Gestik und Lautstärke Merkmale von Wut und Ärger aus-drücken. Dabei sollte es zu energiezehrenden physiologi-schen und psychologischen Beanspruchungen kommen, die erschöpfend wirken.

3. Sie sollte bei dem Akteur im Anschluß an die Aggressi-onsäußerung ein mehr oder minder starkes, aber für ihn selbst noch tolerierbares Maß an Schuldgefühlen hervorrufen (deswegen über das Ziel hinausschießen), das seinerseits den/die anderen versöhnlich stimmt.

Am Ende einer beidseitig vital geführten Auseinandersetzung sollte es relativ schnell zu einer Versöhnung kommen. Das Motiv zu der Versöhnung ist das Schuldbewußtsein des Angreifers. Er möchte sich für sein aggressives Verhalten entschuldigen – der Streit ist beendet.

Der Ärger-Versöhnungs-Swing

Eine Redewendung sagt: »Lieber sterben als einen Fehler zugestehen.« Manche würden nach einem Streit niemals dem andern recht geben. Mit Sicherheit ist es aber auch nicht ausreichend, nach einer Weile so zu tun, als wäre nichts gewesen. In stabilen sozialen Beziehungen gibt es ein Schwingen zwischen aggressiven und versöhnlichen Verhaltensweisen – den Ärger-Versöhnungs-Swing. Daran sehen wir, daß eine Versöhnung nur dann möglich ist, wenn der Ärger und der Zorn vorher rausgekommen sind. Ist all das geschafft, können wir anfangen zu reden, Probleme zu klären. Problemlösungen im wütenden Zustand herbeiführen zu wollen ist unergiebig, es kommt nichts dabei heraus. Im Streit selbst werden die Probleme nicht gelöst, aber wir brauchen ihn, um in einen Zustand zu kommen, der Problemlösungen ermöglicht – und den haben wir nach dem Streit und der daran anschließenden Versöhnung.

Sich selbst Gutes tun

Was fällt uns dazu ein – »sich selbst Gutes tun«?
Wichtiger als die großen Dinge, die viel Zeit in Anspruch nehmen und viel Geld kosten, wie z. B. in den Urlaub fahren, einen Anzug kaufen, eine neue Polstergarnitur ins Wohnzimmer stellen, sind die kleinen Annehmlichkeiten im Alltag: etwas länger duschen, an einem Werktag bei Kerzenlicht

Die Versöhnung sollte das Ende eines Streites darstellen. Dabei spielt auch die Fähigkeit zum Verzeihen eine große Rolle. Ging es bei dem Streit um die Entscheidung für das ein oder andere, sollte zudem die Möglichkeit zu einem Kompromiß gegeben sein.

Ein anderer wesentlicher Faktor, um zu einer Versöhnung zu gelangen, ist das Eingestehen des eigenen Fehlers oder des Unrechts, das man hatte. Wenn man einen Fehler zugibt, ist dem anderen der argumentative Wind aus den Segeln genommen.

*Von übergroßem Pflicht-
bewußtsein profitieren in
erster Linie andere Menschen,
deren Zuwendung man sich
dadurch versucht zu
erarbeiten. Diese Zuwendung
kann jedoch jeder von sich
selbst erhalten, wenn er hin
und wieder von der Linie
abweicht, um sich ein paar
Annehmlichkeiten oder eine
Verschnaufpause zu gönnen.*

essen, auf dem Weg zur Arbeit Blumen für den Schreibtisch mitnehmen, uns sagen: Gut gemacht!

Wissen Sie eigentlich noch, wie es sich anfühlt, in den Tag zu träumen oder Musik zu hören, ohne dabei ein schlechtes Gewissen zu haben? Wann haben Sie das letzte Mal allein vor dem Spiegel getanzt, sich einen Bildband angesehen, mit offenen oder geschlossenen Augen im Wald auf einer Bank gesessen und dem Rauschen der Bäume gelauscht, auf einer Wiese gelegen und die Wolken beobachtet oder etwas nur für sich getan, ohne für Ihr Tun oder Nichtstun einen triftigen Grund gehabt zu haben?

Mit der Angst davor, sich selbst etwas Gutes zu tun oder nichts zu tun, sind wieder viele andere Ängste verknüpft. Da ist die Angst vor Langeweile, Ablehnung zu erfahren, als egoistisch, selbstsüchtig oder rücksichtslos eingeschätzt zu werden oder sich selbst so zu sehen, gegen Verhaltensregeln zu verstoßen, Gefühle zu leben und zu erleben, etwas anderes deshalb nicht zu schaffen, andere, z. B. den Partner, die Kinder, zu vernachlässigen.

*Relaxen ist im Prinzip
eine der einfachsten
Übungen mit großer
Wirkung auf das
Wohlbefinden. Deswegen
sollte jeder ab und zu
diese kleinen Urlaube fürs
Selbst genießen.*

Sich Gutes tun und nichts tun – wie stark ist die Angst davor?

Wie andere Ängste hat auch die Angst davor, sich etwas Gutes zu tun und sich nur auf sich selbst zurückzuziehen, einen Sinn. Und zwar bewahrt sie uns davor, uns zu verhalten, als wären wir allein auf der Welt und könnten uns deshalb aus dem gesellschaftlichen Zusammenleben gänzlich heraushalten. Darüber hinaus schützt sie uns vor Trägheit und davor, auf Kosten anderer zu leben. In der heutigen Zeit tun wir aber schon fast gewohnheitsmäßig etwas ganz anderes – wir vernachlässigen uns selbst und haben solche Verhaltensweisen zur Gewohnheit werden lassen, die uns selbst nicht guttun.

Immer einsatzbereit

Wenn die Angst, sich etwas Gutes zu tun (oder nichts zu tun), zu groß ist, schränkt sie uns in unserem täglichen Verhalten sehr ein. Die Angst ist beispielsweise dann auffällig oder gar krankhaft, wenn wir bei allem, was wir uns gönnen, meinen:

- Egoistisch, selbstsüchtig, verantwortungslos zu sein
- Zuviel Zeit und Geld für uns selbst in Anspruch zu nehmen
- Unseren Rollen als Hausfrau, Eltern, vorbildlicher Vorgesetzter etc. nicht angemessen nachzukommen
- Uns bei jedem rechtfertigen zu müssen
- Mit etwas scheinbar Unproduktivem beschäftigt zu sein, und deshalb unruhig werden

Gerade für Menschen, die unter Angst zu leiden haben, ist es wichtig, sich selbst genußvolle Ruhemomente zu verschaffen. In solchen Augenblicken werden Gedanken und Empfindungen intensiver erlebt, d. h., sie erhalten eine Wichtigkeit, die der Bedeutung der Angst in nichts nachsteht.

Angst vor Freiräumen oder vor dem Nichtstun ist ein wichtiges Thema für ältere Menschen, die aus dem betriebsamen Leben ausscheiden, um in Rente zu gehen. Um Depressionen vorzubeugen, sollten sie daher schon vor dem Ausstieg damit beginnen, das Leben weniger hektisch, angenehmer und entspannender zu gestalten.

In der Zeit der Muße regiert das Gefühlsleben mit seiner eigenen Regelhaftigkeit: Lassen Sie es zu, und Sie werden merken, wie es Ihnen körperlich und psychisch wohltut.

93

Mußestunden genießen lernen

Wir unterwerfen uns selbstauferlegten Zwängen, wie z. B. dem, immer produktiv zu sein und die Zeit effektiv zu nutzen. Selbst im Urlaub schämen wir uns fast, nur am Strand zu liegen und die Wellen zu beobachten, dem Meeresrauschen zu lauschen, die sanfte Meeresbrise auf der Haut zu spüren. Wir sind unzufrieden, wenn die mitgenommenen Bücher noch nicht gelesen sind, nicht alle Sehenswürdigkeiten abgegrast wurden, wir noch keinen Surf- oder Segelkurs belegt haben (was die Arbeitskollegin schon im vergangenen Jahr getan hat) und noch nicht einmal die Ansichtskartenpflicht erledigt ist. Denn wir fürchten uns vor der Frage, was man alles getan und erlebt hat, wenn man dann nur antworten kann: »Eigentlich nichts, ich habe mich ausgeruht.«

Nichtstun:
- Fördert die Entspannung
- Wirkt Selbstzweifeln entgegen
- Mildert den Frust
- Stellt ein Gegengewicht zu negativen Erlebnissen dar
- Hebt den Selbstwert
- Beugt depressiven Verstimmungen vor
- Trägt zum körperlichen Wohlbefinden bei

Zum Schluß

Wie viele andere Gefühle ist uns allen von Geburt an auch das Gefühl der Angst mit in die Wiege gelegt. Von jedem von uns in unterschiedlicher Weise empfunden, begleitet sie uns durch das ganze Leben und ist Bestandteil unserer Entwicklung. In der Auseinandersetzung mit der Angst und damit verbunden mit der Überwindung, gewinnen wir an Erfahrung und Selbstbewußtsein. Somit nutzen wir das Angstgefühl als positive Kraft für unseren Reifeprozeß.

Auch sehr tiefgreifende Ängste, denen wir ausgesetzt sind und die uns hemmen und unser Handeln auf zum Teil erschreckende Weise beeinflussen, können so positiv genutzt werden. Deshalb ist es für die erfolgreiche Lebensgestaltung jedes einzelnen wichtig, Strategien zu entwickeln, mit deren Hilfe wir anfangs übermächtig scheinende Ängste erfolgreich bewältigen und aus dieser Bewältigung eine für uns positive Kraft schöpfen können.

Über die Autoren

Dr. Wolfgang Rost und *Angelika Schulz* sind als Diplompsychologen und Psychotherapeuten in eigener Praxis tätig. Ihr Schwerpunkt liegt im Bereich der Psychologie im Alltag, in dem sie grundlegende menschliche Problemfelder untersuchen und behandeln.

Literatur

Beer, Ulrich: Rezepte gegen die Lebensangst. Antworten auf 100 sehr persönliche Fragen. Düsseldorf 1987

Fensterheim, Herbert/Baer, Jean: Das Anti-Angst-Training. Verlerne deine Unsicherheiten, Ängste und Phobien. München 1990.

Fröhlich, Werner: Angst. Die Gefahrensignale und ihre psychologische Bedeutung. München 1982

Rieman, Fritz: Grundformen der Angst. Eine tiefenpsychologische Studie. München 1989

Rost, Wolfgang: Die Gefühle. Ein ausgesprochen emotionales Lehr- und Lesebuch. Hrsg.: Toni Graf von Baumann. Basel 1987

Simon, Franz: Angst, Wut und Schmerz. Dem Leben ist es egal, wie du dich totstellst. Fellbach 1990

Tausch, Anne M.: Gespräche gegen die Angst. Reinbek 1987

Hinweis

Das vorliegende Buch ist sorgfältig erarbeitet worden. Dennoch erfolgen alle Angaben ohne Gewähr. Weder Autoren noch Verlag können für eventuelle Nachteile oder Schäden, die aus den im Buch gemachten praktischen Hinweisen resultieren, eine Haftung übernehmen.

Bildnachweis

Das Fotoarchiv, Essen: 1 (Anne Koch), 22 (Louis Fernando), 52 (Pat Morrow), 70 (Andy Levin), 89 (Venturi); IFA-Bilderteam, München: 5 (TPL), 29 (Lescourret), 33 (Ostarhild), 47 (Ventura), 57 (Comnet), Mauritius, Mittenwald: Titelbild (U1) (AGE Kat.); The Image Bank, München: 6 (David Jeffrey), 10 (Elyse Lewin), 15 (Don Klumpp), 24, 41, (David de Lossy), 61, 69 (Pete Turner), 67 (Howard Berman), 82 (Yellow Dog Prods), 92 (Walter Berikow); Tony Stone, München: U4 (Pal Hermansen); Transglobe, Hamburg: 19 (TG/Retna/J. Acheson). Grafik auf S. 78 aus: Hexal-Ratgeber Angst; Angsterkrankungen, Behandlungsmöglichkeiten, © Karger Verlag, Freiburg 1995

Impressum

© 1996 Südwest Verlag GmbH & Co. KG, München Alle Rechte vorbehalten Nachdruck – auch auszugsweise – nur mit Genehmigung des Verlages.

Redaktion:
Sabine Weidner,
Andrea-Anna Cavelius

Projektleitung:
Stephanie Wenzel

Redaktionsleitung:
Josef K. Pöllath

Bildredaktion:
Bettina Huber

Grafik:
Bettina Kammerer

Produktion:
Manfred Metzger

Umschlag:
Till Eiden

DTP/Satz:
Klaus Lutsch
Druck:
Color-Offset, München

Bindung:
R. Oldenbourg, München

Printed in Germany

Gedruckt auf chlor- und säurearmem Papier

ISBN 3-517-01890-2

Register